DALBÉMAR JEAN JOSEPH

HAÏTI

DE LA

CONSTITUTION DE 1889

« Mais la marche d'un peuple, on le sait
« assez, se ressent longtemps de ses origines. »
EDMOND PAUL.

« J'aurai souvent à revenir sur cette ques-
« tion des origines et des traditions, contre
« lesquelles ne cesse de se débattre la Société
« haïtienne. »   H. PRICE.

« Je ne puis faire abstraction ni de l'histoire,
« ni de l'état de mon pays pour lui donner des
« institutions ; je le prends, au contraire, tel
« que les années l'ont fait et tel qu'il restera
« longtemps encore. »   LÉGER CAUVAIN.

« Une Constitution, si ingénieuse qu'elle
« soit, ne saurait tenir lieu de mœurs pu-
« bliques. »   A. THOBY.

PARIS

IMPRIMERIE ANSELM FRÈRES

7, Rue de Laborde, 7

1903

DALBÉMAR JEAN JOSEPH

HAÏTI

DE LA

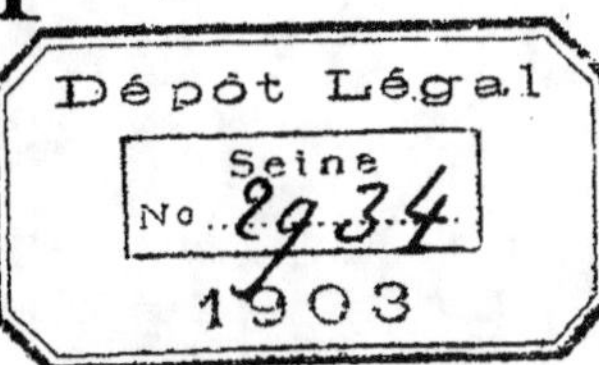

CONSTITUTION DE 1889

> « Mais la marche d'un peuple, on le sait
> « assez, se ressent longtemps de ses origines. »
> EDMOND PAUL.

> « J'aurai souvent à revenir sur cette ques-
> « tion des origines et des traditions, contre
> « lesquelles ne cesse de se débattre la Société
> « haïtienne. »   H. PRICE.

> « Je ne puis faire abstraction ni de l'histoire,
> « ni de l'état de mon pays pour lui donner des
> « institutions ; je le prends, au contraire, tel
> « que les années l'ont fait et tel qu'il restera
> « longtemps encore. »   LÉGER CAUVAIN.

> « Une Constitution, si ingénieuse qu'elle
> « soit, ne saurait tenir lieu de mœurs pu-
> « bliques. »   A. THOBY.

PARIS

IMPRIMERIE ANSELM FRÈRES
7, Rue de Laborde, 7

1903

AVERTISSEMENT

Les pages qu'on va lire, prêtes depuis longtemps, auraient pu être livrées à l'impression bien avant la fin de 1902. Elles n'ont pas été écrites en vue ni à cause de l'administration actuelle. — Seulement il était inévitable, par la nature des questions agitées et la force des choses, que les évènements de chaque jour, qu'ils appartinssent à un règne ou à un autre (et que ce soit dans le présent comme ce sera dans l'avenir), n'offrissent pas des traits venant comme un nouvel avertissement et une confirmation répétée des nécessités que la présente étude a pour objet de signaler.

Pour faire entendre des conseils que je crois raisonnables et urgents, je désirerais avoir une suffisante faculté d'exposition et surtout beaucoup de crédit dans l'esprit de mes concitoyens. — Puis-je, au moins, compter sur la faveur d'être lu et écouté jusqu'au bout ? Je le voudrais, certes. En tout cas, citoyen, je fais mon devoir. Je prie les uns et les autres de vouloir bien méditer les vérités de fait que je prends la liberté de soumettre à leur réflexion. Je les conjure de ne pas opposer une dédaigneuse indifférence à des recommandations sincères et pratiques, — qu'on me permette de le croire, — opportunément dictées par la prudence et la nécessité de faciliter, réaliser, consolider l'harmonie des Pouvoirs de même que la régularité et la vérité des élections.

CHAPITRE I.

LA RÉVISION EST DEMANDÉE.
ELLE EST NÉCESSAIRE.

Puisque nous atteignons bientôt l'époque où la Constitution peut être légalement revisée, il est à propos de commencer l'étude de ses parties qui méritent d'être retouchées. Ce n'est pas moins important que toute autre préoccupation publique du moment.

Le besoin s'en est fait sentir et a été exprimé à plus d'une reprise [1]; notamment au début et au cours des évènements de 1902.

Le général Sam parti, les journaux agitèrent la question. On en parla dans la réunion plénière des Comités de Salut public où fut institué le gouvernement provisoire. La majorité, dans la presse comme aux Comités réunis, tout en reconnaissant « le besoin de plus d'une modification », se rendit à la convenance de procéder de manière à sortir au plus tôt du provisoire. On se bornerait, pour nommer tout de suite le Président d'Haïti, à reconstituer, par de nouvelles élections, la Chambre et le Sénat disparus les premiers dans la journée du 22 Mai.

------

[1] Voir les études de feu A. Thoby, de MM. N. Léger, L. Janvier, C. Dubé, etc., dans un sens ou dans autre et antérieurement ou postérieurement à 1889.

Dans le *Nouvelliste* du 17 Mai, M. A. Magloire écrivait : « La Constitution de 1889 a certes besoin de « plus d'une modification ; pour le moment, il suffit « qu'elle nous permette de sortir vite de la crise que « nous traversons pour que nous lui fassions grâce « provisoirement de ses défectuosités. Elle a d'ail- « leurs plus de bon que de mauvais. Donc, à notre « humble avis, il y aurait lieu, sitôt qu'un Pouvoir « Exécutif provisoire sera organisé, avec l'agrément « des Comités révolutionnaires, et pour la marche « régulière de tous les services publics, il y aurait « lieu, disons-nous, de procéder aux élections géné- « rales » [1].

C'est de ces élections, hélas ! et malgré la pensée prudente de ne pas s'attarder dans le provisoire, que devait sortir encore une fois la guerre civile ! L'évè- nement, compliqué de dissensions de partis et d'embarras inextricables au sein même de la Chambre, est venu donner une preuve, on dirait plus éclatante que jamais, de la nécessité de retou- cher, au moment voulu, certaines dispositions constitutionnelles.

Je ne prétends pas le nier : en général, les difficul- tés proviennent plutôt des hommes que des choses ; et à des fautes individuelles, comme la faiblesse

---

(1) Un écrivain du *Soir* demandait encore, au 18 Juin, que sur un décret du Gouvernement provisoire, l'Assemblée nationale, avant tout travail, procédât à la révision de la Consti- tution. — Et l'*Opinion Capoise*, n° du 11 Octobre 1902, disait : « Les pouvoirs publics, étant constitués, commenceront l'examen des grands problèmes qui s'imposent à la méditation nationale. Nous avons des remaniements complets à opérer dans nos insti- tutions fondamentales. »

des uns et l'emportement des autres, on ne remédiera pas seulement par des révisions de Constitution. A la rigueur, n'importe laquelle de nos Constitutions à présidence temporaire et responsabilité ministérielle pourrait servir, en attendant mieux; toutes ayant dans leur texte les principes essentiels qui garantissent nos libertés. Mais il faudrait que tout le monde y mît une bonne volonté assez rare ici [1].

E. Laboulaye, parlant de l'Union américaine et de la guerre de sécession, fait la réflexion que « les lois les plus sages ne sont que des instruments entre les mains des hommes; toute Constitution peut être appliquée en plus d'un sens ». Mais aussi on peut lire ailleurs : « Sans doute, les hommes qui. appliquent les institutions n'ont pas moins d'importance que les institutions elles-mêmes; un système défectueux a parfois produit des résultats excellents entre les mains d'un bon ministre. Il est pourtant des impossibilités constitutionnelles de vivre dont le génie lui-même ne triompherait pas... Substantiellement défectueuse, la Constitution rendra vaines les bonnes volontés les plus courageuses et les plus intelligentes. »

Cela étant, et puisque les troubles politiques amènent avec eux un tel cortège de maux que nous nous trouvons à chaque fois tout au bord de l'abîme,

---

[1] Par exemple, on ne rencontrera pas souvent un chef comme le Général P. Guerrier, de qui M. Thoby a écrit: « En fait, le « Président Dictateur eut toute la conduite d'un très correct « Président constitutionnel. » *Revue de la Société de Législation* du 2 Janvier 1895. *Nos Constitutions Républicaines, etc.*

notre devoir le plus pressant n'est-il pas de faire disparaître ce qui, la plupart du temps, a été et pourrait être encore ou la cause ou le prétexte de ces bouleversements? Bien des choses échappent à la puissance de l'homme. Ainsi, nous ne pouvons pas changer, à notre gré, le caractère et le tempérament de ceux à qui, bénévolement, nous accordons notre confiance pour les envoyer dans les Chambres ou les élever au pouvoir. Nous ne pouvons pas, du jour au lendemain et comme par l'effet d'une baguette magique, transformer des habitudes générales invétérées en des pratiques régulières et irréprochables; c'est une chose qui est seulement l'œuvre du temps jointe à une volonté ferme et persistante dans le redressement des abus et le rétablissement de l'ordre. Mais, en attendant, nous pouvons, par exemple, enlever de la Constitution ce qui n'est pas d'absolue nécessité à sa nature d'institution libre, et qui, n'étant pas d'absolue nécessité, est plutôt nuisible parce qu'il reste une occasion de disputes, une source de conflits, une tentation à la violence et retarde le progrès ; nuisible, parce que, le plus souvent, il devient un véritable piège pour les patriotes sincères qui prennent au sérieux le serment de « rester fidèles à la Constitution » prêté par tous les Grands Pouvoirs de l'État. La précaution s'impose.

L'allusion s'adresse principalement au suffrage direct, à l'absence du droit de dissolution, à l'incompatibilité des fonctions de Ministre et de Membre du Parlement. De là, qu'à mon sens, les principales réformes à opérer seraient celles-ci :

Aux troubles et dangers des élections législatives, opposer le vote à deux degrés ; à ceux des conflits irréductibles, le droit de dissolution ; aux inconvénients du gouvernement personnel aussi bien qu'à l'abus du pouvoir parlementaire, la faculté d'être en même temps Secrétaire d'État et membre du Corps législatif.

La nature et l'importance de ces propositions demandent qu'elles soient développées séparément, précédées néanmoins de quelques considérations communes à toutes trois. C'est d'abord au point de vue de l'*ordre* et de la *liberté*.

ORDRE ET LIBERTÉ.

« La première fonction de l'État, c'est de garantir la sécurité : la sécurité collective de la nation, la sécurité particulière de l'individu et de ses droits » [1].

L'organe public chargé de pourvoir directement à cette double sécurité a droit à ce qui lui est nécessaire pour atteindre à ses fins légitimes, c'est-à-dire l'accomplissement de sa tâche. Partant, il ne saurait être désarmé ni trop affaibli légalement. La liberté est, sans doute, un besoin essentiel de l'homme. L'ordre également ; si plutôt il ne faut pas dire davantage, le besoin d'ordre étant pour nous aujourd'hui plus urgent, en face des dangers que signale chacun. Et l'on ne peut pas refuser d'y faire attention, puisqu'ils sont, ces dangers, de nature — tout le monde le répète — à affecter l'indépendance nationale elle-même. Il s'ensuit qu'on doit se garder

---

(1) P. Leroy-Beaulieu. *L'État moderne et ses fonctions.*

soigneusement des systèmes qui, étant donné le milieu, poussent bientôt à l'agitation violente et aux procédés subversifs. Ce qu'il convient de faire, c'est de diminuer les occasions de troubles et augmenter les chances de calme.

Il n'y aurait, d'ailleurs, de liberté pour personne s'il n'existait une force suffisante pour arrêter les empiètements que chaque membre de la communauté, emporté dans l'ardente poursuite du bien-être individuel, pourrait tenter sur le cercle d'action de son prochain. Force, disons-nous, légalement attribuée et définie pour ne pas être arbitraire, susceptible d'être éclairée pour ne pas être aveugle, susceptible aussi d'être modérée pour ne pas être despotique. Des sûretés contre les abus possibles, il a fallu les prendre. L'on y a pourvu dans les dispositions sur les droits individuels et les libertés publiques. Mais lorsque, dans l'organisation des grands pouvoirs et de leurs rapports entre eux, des barrières trop étroites sont élevées contre l'Exécutif, l'accomplissement de ses fonctions s'en ressent péniblement et les ressorts publics ne tardent pas à se relâcher. Il n'y a alors ni ordre ni liberté.

CAUSE OU PRÉTEXTE.
EXCÈS DE PRÉCAUTION DOMMAGEABLE.

L'esprit ne conçoit pas que celui qui monte au pouvoir y arrive délibérément mal disposé. De l'inexpérience ou de la présomption ? Oui, le plus souvent, défauts ordinaires des jeunes. De la préméditation ? Non.

Quelque irritable et personnel qu'on veuille le supposer, il y vient avec la pensée, la prétention, si l'on veut, de bien gouverner et administrer. Ce n'est qu'en présence des contrariétés et difficultés que son humeur s'aigrit et qu'il se jette dans la violence. Et même alors que cela arrive, ce n'est pas du premier coup et sans en chercher la justification, au moins, dans une apparence de motif. Il a besoin d'un prétexte, ne fût-ce que pour colorer sa conduite aux yeux de ceux dont il lui faut encore l'appui ou la tolérance. Le motif ou le prétexte le plus communément mis en avant est celui des limitations, représentées comme excessives, de la prérogative présidentielle. Ces restrictions-là, ne manquent pas de dire les intéressés, ne sont pas de celles qui sont et que tout le monde reconnaît salutaires et nécessaires. Abritant la licence et le désordre, elles entravent l'action utile de l'Exécutif; au point qu'elles ne lui laissent pas d'autre issue pour sortir de difficulté que de mettre momentanément les règles de côté.

Malheureusement, il se trouvera toujours, conviction sincère ou spéculation pure, du monde prêt à souffler à l'oreille de l'autorité que la Constitution, méticuleuse et tracassière, n'est propre qu'à stériliser les efforts de l'administration supérieure. Ce qui autoriserait celle-ci à briser une bonne fois l'obstacle qui l'empêche de réaliser ses bonnes intentions. Les mots ne manqueront pas pour expliquer le fait, le justifier presque. On le présentera comme un vœu populaire. On invoquera des précédents, mettant en avant les noms les plus respectables des temps les plus vénérés.

Et pour peu qu'effectivement, dans la Constitution, l'Exécutif ait été mis à l'étroit, ou que les libertés édictées aient dépassé la mesure, l'hésitation ne sera pas longue [1]. Et les citoyens paisibles et conservateurs, dans l'esprit desquels l'idée des exigences de l'ordre public [2] est plus facile à entrer que celle un peu compliquée des défiances de la liberté politique, se désintéresseront de cette dernière et laisseront faire.

La liberté aura péri par l'excès des garanties imaginées pour l'assurer.

Dut sa perte à ces soins qu'on prit pour son salut [3].

———>‹×‹———

ADAPTATION ADÉQUATE A L'ÉTAT SOCIAL.

« Une nation doit se connaître elle-même. Sans cette connaissance, elle se conduit au hasard; elle prend souvent les plus fausses mesures; elle croit agir avec beaucoup de sagesse en imitant la conduite des peuples réputés habiles et ne s'aperçoit

---

(1) Et à supposer que le Chef de l'Etat, les exemples ne manquent pas, soit de tempérament assez pacifique et modéré au fond pour rester maître de soi et résister aux incitations violentes, il en restera presque toujours une sourde irritation et un état d'esprit peu faits pour faciliter l'entente.

(2) Dans les incessants hommages rendus à l'énergie des chefs militaires, et dans les continuelles adhésions aux coups de force des gouvernements, il ne faut pas voir seulement des flagorneries intéressées ou des défaillances. Il y a aussi, du moins en beaucoup d'occasions et sauf à faire la part de l'exagération, le sentiment de la nécessité d'un Pouvoir fort, capable de garantir ce premier des besoins : l'ordre public, la paix publique.

(3) LAFONTAINE, *L'horoscope.*

pas que tel règlement, telle pratique salutaire à une nation, est souvent pernicieuse à une autre. Chaque chose doit être conduite suivant sa nature; les peuples ne peuvent être bien gouvernés, si l'on ne se règle sur leur caractère ; et pour cela, il faut connaître ce caractère. » VATTEL.

N'exagérons rien, c'est pour le moins inutile. Il y a quelque chose de plus fort que toutes les fictions constitutionnelles. La vivante réalité des éléments que le législateur se propose de réglementer.

« Le seul fait de la sanction législative ne changerait pas le cours de l'histoire. En matière de science politique, les lois écrites ne peuvent pas prévaloir contre l'état social d'une époque donnée, ni contre les évènements [1].

« Le beau profit, en effet, pour un peuple de brûler des étapes, de proclamer des principes aussi sublimes que l'on voudra, dont il ne vivra pas et sur lesquels il reviendra sans cesse ; de se donner des lois et des institutions fort sagement conçues, nous le voulons bien, mais avec lesquelles il sera constamment en désaccord et qu'il s'habituera à fouler aux pieds de propos délibéré [2]. »

De ces vérités générales, les auteurs de nos Constitutions se sont-ils toujours suffisamment inspirés ? Tout aux théories de la fin du XVIIIᵉ siècle et (ce qui est une noble excuse) pleins de la pensée de lancer le pays vigoureusement et rapidement dans les voies d'une civilisation avancée, il ne se

---

(1) PASQUALE FIORE.
(2) *Revue des Deux Mondes.*

sont pas toujours avisés d'avoir aussi égard, du moins à un égal degré, à cette vivante réalité des faits contemporains à laquelle nous venons de faire allusion. Si, quelquefois, au sein des Assemblées, des voix plus prudentes le recommandent, ces voix sont bientôt étouffées dans l'enivrant entraînement des idées de rapide progrès. De là ce contraste d'aspirations libérales sans cesse proclamées et de pratiques autoritaires plus patiemment supportées que le légitime empire des lois.

Ce n'est assurément pas une affaire de race. La cause est historique. C'est le résultat de nos origines. La matière vaut la peine d'arrêter un instant l'attention.

ORIGINES ET ANTÉCÉDENTS.

DOUBLE ORIGINE, DOUBLE INFLUENCE.

« Mais la marche d'un peuple, on le sait assez, se ressent longtemps de ses origines ». EDMOND PAUL.

« Je ne puis faire abstraction ni de l'histoire, ni de l'état de mon pays pour lui donner des institutions ; je le prends, au contraire, tel que les années l'ont fait et tel qu'il restera longtemps encore ». LÉGER CAUVIN.

La cause occasionnelle [1] de la liberté civile et

---

(1) Comme cause première, voir la remarque de M. Beaubrun Ardouin, qu'à l'honneur de la race, le sentiment de la liberté n'a jamais cessé de se manifester parmi les esclaves de Saint-Domingue.

politique d'Haïti ayant été la Révolution française, il ne se pouvait pas, quand vint le moment d'organiser l'Etat, que l'esprit de ceux qui tenaient la plume ne fût pas fortement influencé par le mouvement d'idées qui avait préparé la grande époque d'émancipation. C'est sous la République qu'a été proclamée la liberté générale, de même que l'avait d'abord été l'égalité en faveur des affranchis. Il ne se pouvait pas non plus (bien qu'on se fût proposé de faire table rase de ce qui avait été antérieurement) que, sans transition, du jour au lendemain, comme par enchantement, on eût réussi à faire pénétrer dans toute une masse d'hommes, imbus d'anciennes idées, la lumière nécessaire, je veux dire celle qui élèverait leur manière de concevoir le gouvernement des peuples à la hauteur des théories métaphysiques du siècle. — Songez donc : des enfants ou des descendants d'enfants de l'Afrique façonnés à l'ancien régime colonial ! L'accoutumance au pouvoir absolu là-bas comme ici.

C'est, de plus, sous la forme d'une autorité militaire qu'eux tous, en Haïti, avaient été conduits à la conquête de la dignité d'homme et ensuite de l'indépendance nationale.

H. Price (*De la réhabilitation de la race noire par la République d'Haïti*) dit : « J'aurai souvent à revenir sur cette question des origines et des traditions contre lesquelles ne cesse de se débattre la société haïtienne ; car, comment mesurer avec sincérité les progrès d'un peuple, si ce n'est par la comparaison de sa situation actuelle avec son point de départ ? »

.....« Tous nos lecteurs de bonne foi savent que le

colon de Saint-Domingue ne dressait pas plus ses nègres à méditer sur *Le Contrat Social* de Jean-Jacques Rousseau ou l'*Esprit des Lois* de Montesquieu, que celui de la Jamaïque ne faisait lire aux siens les discours de Burke, de Sheridan ou de Wilberforce pour préparer leur esprit au « self government »..... Les hommes qui réalisèrent l'indépendance d'Haïti, en 1804, n'avaient absolument rien dans leur situation intellectuelle, politique et sociale qui pût se comparer à celle des fondateurs de l'indépendance des Etats-Unis. Leurs aïeux n'étaient point des puritains, des réformateurs plus avancés que les sociétés européennes, traversant l'Atlantique pour venir chercher en Amérique plus de liberté encore que n'en offrait la société anglaise, la société la plus libre de l'Europe. Ils étaient des sauvages ou des fils des descendants de sauvages, enlevés sur les côtes de l'Afrique et réduits en esclavage dans une colonie où le blanc lui-même, le colon, le propriétaire d'esclaves, n'a jamais connu la liberté politique à aucun degré, dans une colonie relevant d'une métropole soumise elle-même à l'autorité illimitée d'un monarque absolu ; dans une colonie qui, de son établissement à son extinction, en 1791, n'avait jamais connu d'autre forme de gouvernement que l'autorité unique, dictatoriale du Lieutenant du Roi. — Rien donc autour de ces hommes n'était de nature à leur suggérer la moindre idée de la possibilité d'une telle chose que la *liberté politique*. Etre libre, pour eux, c'était simplement n'être pas esclave, n'être pas la propriété de quelqu'un ; et les blancs qui vivaient autour d'eux n'avaient pas une autre conception de la liberté. » (1).

On ne trouvera pas que le tableau manque de vérité, en faisant, bien entendu, la part d'une élite cultivée et plus ou moins enthousiaste des théories démocratiques. De sorte que si pour l'indépendance, l'égalité, la liberté civile, tout le monde pensait uniformément, il n'en fut pas de même pour le genre de gouvernement, pour l'organisation des pouvoirs publics. Là se manifestèrent les deux tendances découlant de deux sources distinctes.

La victoire, comme elle le devait, resta à la forme républicaine, cependant que sur ce nouveau terrain persista une diversité de vues également explicable. Esprit de liberté exalté par le triomphe. Principe d'autorité et de discipline imposé aussi bien par la force de l'habitude que par la nécessité de vivre et le besoin de prospérer.

Il convient d'insister. En 1806, cela se comprend, la première pensée fut de consacrer la récente conquête. Il importait de prendre possession de la liberté et de l'égalité sous toutes les formes et à tous les degrés. Aussi bien, proclamait - on que l'on n'avait pas entendu seulement changer de maître, qu'on voulait être libre envers et contre tous. Pensée fière et exacte pour les droits individuels. Mais il s'agissait aussi de se conserver et de se développer, d'organiser les pouvoirs publics et de régler les rapports de ces différents organes de l'État.

______

(1) Un auteur a fait la remarque que, en général, les peuples ne sont pas républicains.

Or, quand on considère que, à peine nés à la vie politique et venus là aussi brusquement que nous le fûmes, c'est de tous les genres de gouvernement le plus difficile à pratiquer qui nous était proposé et que nous avons adopté; quand on considère cela, on s'explique qu'il y en ait qui se sont demandé si nous devions d'un bond sauter au point extrême du système, ou s'il ne fallait pas plutôt mettre quelque mesure dans l'adoption d'un instrument aussi délicat et éloigné jusque là de notre conception du gouvernement. L'expérience de ceux-là mêmes que nous avons pris pour modèles en est arrivée à donner raison à la réserve de ce groupe de nos premiers législateurs. « Le gouvernement démocratique suppose toujours l'existence d'une société très civilisée et très savante. D'abord, on le croirait contemporain des premiers âges du monde; en y regardant de près, on découvre aisément qu'il n'a dû venir que le dernier. » A. DE TOCQUEVILLE. *De la Démocratie en Amérique*, 2ᶜ P., Ch. V.

D'autre part, on a fait comme suit, un tableau de ses défauts à côté de ses qualités : « Le gouvernement démocratique, à la longue, amène aussi une grande infériorité du personnel législatif et du personnel administratif. Les membres des Assemblées, dans la démocratie, ont rarement l'habitude personnelle des affaires, de la bonne conduite du ménage et de l'économie. Ils ne s'y connaissent pas et ne s'en soucient guère. Les préoccupations du moment les envahissent et ne leur laissent aucune prévoyance de l'avenir. La mobilité du personnel législatif et administratif égale son infériorité. Il arrive aussi parfois que ceux qui votent les dépenses dans la démocratie paient médiocrement d'impôts.... La connivence, la collusion sont aussi plus fréquentes dans la démocratie. Bref, sans contester aucun des avantages des gouvernements démocratiques, il est impossible de nier qu'ils ont une tendance, si l'on n'y prend garde, à être les plus coûteux des gouvernements. » (PAUL LEROY BEAULIEU. *Science des Finances,* P. 179.)

Voici encore ce qui est dit de la démocratie, *directe* il est vrai : « Considérée dans son application, la démocratie directe court de graves dangers. Sans autre frein que sa courte sagesse et son expérience toujours jeune, rebelle à toute autorité, même issue d'elle, elle manque des qualités nécessaires au gouvernement des peuples. Elle est capricieuse dans ses décisions comme dans ses choix, change arbitrairement ses lois et ses chefs, vit dans une agitation maladive, dont elle n'est tirée, le plus souvent, que par la dictature subie, acceptée ou implorée ». (MOREAU. *Droit Constitutionnel.*)

Sans avoir besoin de pousser la critique aussi loin, on pouvait apprécier différemment que ne l'a fait Pétion, en 1806, les nécessités du moment pour l'organisation des pouvoirs publics [1].

Et ce n'était pas les idées de Christophe seulement, mais aussi celles de Gérin, Rigaud et beaucoup d'autres, qui n'étaient pas les idées de Pétion. Ils étaient excusables, pour le moins, de penser que

---

(1) « Et l'on ne saurait s'étonner qu'une nation asservie depuis des siècles ne sache pas aussitôt employer correctement les ressources de la liberté » E. OLLIVIER, 1789 et 1889.

outre les sentiments et les mœurs de la grande masse du peuple, la menace constante d'une agression étrangère demandait une concentration de force aux mains d'un général habile et obéi. Bien excusables, sans doute, d'avoir pensé que, si le gouvernement n'est pas fort, la liberté est précaire; de demander qu'il n'y eût rien de risqué dans ce que l'on allait faire; que ce ne fût pas comme un champ d'expériences ouvert à des nouveautés, qui n'avaient pas encore, même en Europe, trouvé définitivement leur assiette.

Un journal de nos jours, l'*A B C* (19 Juin 1897), après avoir énoncé que la Constitution dit formellement que *le Gouvernement de la République est essentiellement démocratique et représentatif,* ajoutait : « Ce n'est pas assurément pour nous le moment de savoir si celui qui le premier nous a donné cette forme de gouvernement ne nous a pas fait plus de mal que de bien... Voyons les choses telles qu'elles sont, poursuivit-il. Il est de la dernière évidence que, par le seul fait que la Constitution, peut-être à tort, a déclaré que le gouvernement est démocratique, elle reconnaît au peuple le droit de se gouverner, etc. »

Quoi qu'il en soit, le fondateur de nos institutions en fit lui-même l'expérience. Il ne put gouverner avec la Constitution de 1806, suspendue aussitôt que jurée. Et si Pétion ne le put, qui pourrait se flatter d'y réussir ? Il finit par la faire reviser en 1816.

Pétion gardera l'éternel honneur d'avoir voulu pour son pays des conditions d'existence nationale heureuses et dignes. Le même honneur revient à la nation qui, autant du moins que le permettait son état, est tout aussitôt entrée dans la voie qui lui était indiquée. Mais il fallait chercher, trouver, fixer ce qui convenait comme moyen. La grande sagesse de Pétion fut de ne pas fermer osbtinément les yeux sur ce qu'il y avait d'impraticable dans le premier jet de sa pensée, de ne pas clore son esprit à la démonstration des faits. Il entreprit de rectifier son œuvre; il chercha à l'accommoder aux idées et aspirations respectives qu'il était appelé à concilier.

—⊷⊶—

VALEUR D'OPINION.

« L'opinion entre toujours pour beaucoup dans le jugement que l'on porte sur un ouvrage qu'on lit ». LA BRUYÈRE.

C'est bien ici le cas de prendre garde à la valeur que prête l'opinion aux lois constitutionnelles, quelle que soit d'ailleurs leur qualité réelle et intrinsèque. La première importe autant que la dernière. Présentez l'instrument constitutionnel le mieux ordonné, si l'on croit, en général, qu'il ne convient pas au pays, il restera inefficace et sans force. Donnez-en un autre beaucoup moins bon, si le public se met à penser que c'est ce qu'il faut à l'état du peuple, il sera respecté et produira effet [1].

------

(1) Le 26 Septembre 1789, Mirabeau prononça son discours finissant par l'émouvant tableau que l'on sait de la banqueroute : « Avons-nous un plan, s'écriait-il, à substituer à celui qu'il (Necker) nous propose? Oui, a crié quelqu'un dans l'Assemblée. Je conjure celui qui répond oui de considérer que son plan n'est pas connu,

Dans ce genre d'appréciation, deux de nos Constitutions semblent avoir plus particulièrement et pour un plus long temps occupé l'attention. Ce sont celles de 1846 et de 1867. Après une éclipse plus ou moins prolongée, elles ont été, toutes deux, reprises et restaurées. Leur différence sensible est relative aux rapports des pouvoirs publics entre eux. D'une façon sommaire, on est arrivé, à tort ou à raison et dans la majeure partie de notre monde politique, à professer l'opinion que la Constitution de 1846, bien entendu avec la présidence temporaire et l'Assemblée nationale, et complétée par les modifications de 1859 et 1860, était bien plus dans le génie du pays que celle de 1867.

Par exemple, et pour citer un document officiel, l'Assemblée Nationale Constituante de 1874, dans son adresse du 7 Août — où l'on voit figurer, entre autres noms, ceux de MM. F. Acloque, Général Cauvin, E. Maignan, Papillon, A. et P. André, A. Samson, Conzé, Madiou, C. Debrosse, Linstant

------

qu'il faut du temps pour le développer, l'examiner, le démontrer; que, fût-il immédiatement soumis à notre délibération, son auteur a pu se tromper ; que fût-il exempt de toute erreur, on peut croire qu'il s'est trompé; que quand tout le monde a tort, tout le monde a raison; qu'il se pourrait donc que l'auteur de cet autre projet, même ayant raison, eût tort contre tout le monde, puisque *sans l'assentiment de l'opinion publique* le plus grand talent ne saurait triompher des circonstances.... »

Boutmy. — *Etudes de Droit Constitutionnel. Préface* : « J'ai insisté longuement sur les précautions à prendre contre les piéges que tendent à tout homme les longues habitudes de son esprit et les influences de son milieu national. J'ai montré surtout — c'est le piége auquel nous nous laissons le plus aisément prendre — que les mécanismes constitutionnels n'ont pas de valeur et d'efficacité propres, indépendamment des forces morales et sociales qui les soutiennent ou les mettent en mouvement. »

Pradine, I. H. Lucas, Mauchil, D. Nazère, Armand, Thébaud, S. C. Brun — (il faudrait les citer tous), parlait « de l'essai de la Constitution de 1867..., une Constitution faite en vue et à cause d'un homme à qui les destinées du pays allaient être confiées...., reconnue depuis longtemps impraticable », prétendait-elle ; et elle déclarait que « la Constitution de 1846 était celle qui convenait le mieux et qui établissait en de justes limites, disait-elle, toutes les garanties du Pouvoir et des citoyens. »

En faisant la part de l'exagération, si l'on veut, et surtout de la circonstance que c'était une opinion émise dans l'intérêt d'un parti qui venait de se substituer à un autre au pouvoir, on trouvera que cette affirmation des Constituants de 1874 reflétait assez bien la pensée de la grande majorité des citoyens. Je répète qu'il s'agit, bien entendu, de l'opinion générale qu'on s'en était faite, à part la réalité des qualités ou des défauts que pouvait avoir la Constitution de 1867 attaquée et soutenue alors avec une égale chaleur [1].

Un autre document officiel, l'adresse du Sénat présentant au peuple la Constitution de 1846, disait : « Il (le Président Riché) résolut de remettre en vigueur la Constitution de 1816, vers laquelle il inclinait pour de puissants motifs : c'était l'œuvre d'Alexandre Pétion, du fondateur de la République, elle avait donné vingt-cinq années de paix au pays ; elle avait réuni successivement sous son égide toutes

---

[1] Le fait vrai est que ce n'était pas tant la valeur intrinsèque des dispositions constitutionnelles qu'on soutenait que l'obligation de se conformer à ce qui était, telle quelle, la loi existante.

les parties du territoire haïtien. Mais le rétablissement de cette Constitution devait être nécessairement lié à la consécration d'idées nouvelles, etc.[1] »

Il paraît aussi que le 16 Novembre 1869, le Conseil législatif offrant à Salnave le titre de Président à vie, lui reconnaissait « tous les pouvoirs accordés au Chef de l'Etat par la Constitution de 1846. » Voir J. JANVIER.

L'adhésion morale de la nation étant donc une condition nécessaire de l'efficacité de la loi, le législateur doit mettre ses soins à l'assurer à son œuvre, en se gardant d'aller trop à l'encontre du tour d'esprit des populations. Tàchant de réagir contre ce qui se trouve être des habitudes vicieuses, il évitera de choquer inutilement des penchants innocents ou indifférents ; et, à l'endroit même de tendances mauvaises à redresser, la prudence lui conseille de procéder avec un ménagement calculé et de façon à ne pas heurter violemment ce que le temps a fait pénétrer plus ou moins profondément dans le sentiment public égaré.

« Il y a deux sortes de tyrannie : une réelle, qui consiste dans la violence du gouvernement, et une d'opinion, qui se fait sentir lorsque ceux qui gouvernent établissent des choses qui choquent la manière de penser d'une nation. » MONTESQUIEU, *Esprit des Lois.* Liv. XIX, Ch. III..... « et c'est une

---

(1) M. Thoby lui-même dit : « La Constitution de 1846.... est
« une œuvre théoriquement mieux conçue que son modèle (1816),
« bien coordonnée, et qui pose nettement, plus logiquement que
« la Constitution de 1843, les vrais principes du Gouvernement
« parlementaire... Le système parlementaire est la partie heureuse
« de la Constitution de 1846. » *Revue de la Société de Législation,*
2 Janvier 1895. *Nos Constitutions républicaines, etc.*

très mauvaise politique de changer par les lois ce qui doit être changé par les manières..... il y a des moyens pour faire changer les manières : ce sont les exemples... En général, les peuples sont très attachés à leurs coutumes : les leur ôter violemment, c'est les rendre malheureux, il ne faut donc pas les changer, mais les engager à les changer eux-mêmes.» IBID. Ch. XIV.

Edmond Paul, de son côté, a écrit, à propos de partis politiques : « Il y a deux manières d'amener les gens à soi et de convertir les adversaires. La première, la plus simple, consiste à prendre leur programme et leur religion. C'est le procédé d'Henri IV. Le procédé est excellent, quand on est une minorité victorieuse et qu'il s'agit d'absorber une majorité hésitante et désorientée, dont les exigences sont modestes et acceptables. »

Nous pouvons entrer maintenant dans le développement respectif et distinct des trois propositions présentées comme les premières réformes à opérer.

CHAPITRE II.

SUFFRAGE UNIVERSEL
A DEUX DEGRÉS.

Nous sommes une démocratie [1] ; le suffrage universel est à la base de nos institutions. Mais le degré auquel il nous le faut, c'est ce que déterminera le caractère des populations. Retenons d'abord que le suffrage universel peut être, en principe, soit à un, soit à plus d'un degré.

« L'électorat... considéré comme une fonction devant être soumise à certaines conditions de capacité et de moralité... En introduisant le suffrage universel, on restait maître de régler son fonctionnement, de le hiérarchiser, de l'organiser. Il est déplorable qu'on l'ait déchaîné, en un état rudimentaire, sans prendre aucune précaution organique contre ses mouvements désordonnés. » E. OLLIVIER.

« Suffrage politique, fonction sociale... Sans doute il résulte du principe même de la souveraineté nationale que tous les citoyens sont naturellement

---

(1) La Constitution porte que le Gouvernement de la République est essentiellement démocratique et représentatif. — « Le régime *démocratique et représentatif*, expliquent les auteurs, est dû d'abord à la difficulté de réunir des assemblées trop nombreuses, à l'impossibilité d'enlever fréquemment les citoyens à leurs travaux ; il est dû encore à d'autres motifs, à l'incapacité des citoyens pour régler les questions, aux dangers spéciaux que recèle la foule. Les représentants sont une élite que le peuple, supposé apte à bien choisir, désigne pour appliquer aux affaires publiques une intelligence et des connaissances spéciales ».

appelés à exercer cette fonction fondamentale; car
en restreindre l'exercice de parti pris, au profit
d'une classe particulière de citoyens, cela équivau-
drait, en fait, à concentrer la souveraineté dans cette
classe privilégiée. Mais cet exercice suppose chez le
citoyen une capacité suffisante, car sans cela, il
serait inconciliable avec l'intérêt général. La loi peut
donc, dans cette mesure, en déterminer les conditions. Elle peut très légitimement interdire aux
femmes cette fonction, pour laquelle le développement historique de l'humanité a rendu fort douteuse
leur capacité politique, en les rendant, au contraire,
éminemment propres aux fonctions familiales; elle
peut en subordonner l'exercice chez les hommes
à la justification d'un âge suffisamment mûr, d'un
domicile fixe ou d'une certaine résidence; elle peut
en déclarer incapables ou déchus les indignes et les
condamnés; elle peut en suspendre l'exercice chez
les militaires en service, au nom et dans l'intérêt
même de la patrie; elle peut enfin, si cela paraît
vraiment utile et opportun, rendre le vote obligatoire. Tout cela est parfaitement logique..... Il faut
ajouter que la loi peut substituer le suffrage indirect
au scrutin direct, s'il était démontré que par ce
moyen la fonction électorale sera mieux et plus intel-
ligemment remplie ». ESMEIN. *Droit Constitutionnel.*

« Les règles sur la composition et l'élection de
la Chambre des députés sont presque entièrement
en dehors de la Constitution (française). Celle-ci ne
contient à cet égard qu'une seule disposition : « La
« Chambre des Députés est nommée par le suffrage
« universel dans les conditions déterminées par la

« loi électorale » (Loi const. du 25 fév. 1875, art. 1er, 2e alinéa.) Par là, cette matière, sauf en un point, est laissée tout entière à la législation ordinaire : la seule règle constitutionnellement établie et qui ne pourrait être modifiée que par une révision, c'est le suffrage universel ; encore n'est-il pas assuré comme *suffrage direct* et le législateur pourrait, sans violer la Constitution, se faire élire à plusieurs degrés, universel seulement à la base. » *Id.* p. 606.

Ainsi donc, le principe essentiel, « la pierre angulaire de l'édifice », c'est le suffrage universel, — dont les conditions peuvent très bien être déterminées dans la même loi fondamentale ou ailleurs par des dispositions « secondaires », — « règles de détail concernant la composition et l'élection de la Chambre des députés. »

Le suffrage à plus d'un degré étant reconnu rationnellement possible, voyons maintenant si le caractère de nos populations et leur éducation politique sont suffisamment faits à la pratique du vote direct, ou s'il n'est pas préférable, étant données les mœurs, d'avoir comme auparavant le suffrage à deux degrés [1].

Ce n'est faire injure à personne que de parler de lumières encore faibles chez un peuple, nouveau venu à la vie publique ; ou de goûts contractés à travers les régimes par lesquels sa destinée l'a fait passer. Haïti ne fait pas plus ici qu'en d'autres matières, exception à la règle. Des pays les plus

---

(1) Déjà, en 1822, comme le relate M. B. Ardouin, Bruno Blanchet, dans un projet de Constitution qu'il préparait sur la demande du Président Boyer, se déclarait en faveur du double vote pour la formation de la Chambre. M. Bruno Blanchet avait été le rapporteur de la commission pour la Constitution de 1806.

anciennement civilisés ont donné lieu à des observations analogues. — Madame de Staël écrivait en 1798 : « Le grand malheur de la Révolution de France, c'est qu'elle a devancé les lumières d'un demi-siècle..... c'est-à-dire les institutions avaient devancé les mœurs..... Il faut que les écrivains pressent le pas de l'esprit humain pour lui faire rejoindre la République qui l'a devancé. »

Dans un discours de Siéyès à la Convention, 2 thermidor an III, on lit, à propos des droits individuels en regard des droits de l'Etat : « ... Et moi, je dis qu'à mesure qu'on s'éclairera, qu'on s'éloignera des temps où l'on a cru savoir quand on ne faisait que vouloir, la notion de souveraineté rentrera dans ses justes limites, car, encore une fois, la souveraineté du peuple n'est pas illimitée... La fin de tout établissement public est la liberté individuelle.., etc. ».

Nous n'avons pas uniquement puisé dans le droit français pour modeler notre état politique. Nous nous sommes aussi inspirés des institutions américaines. Ce qui nous a amenés, soit dit en passant, à entreprendre de faire marcher ensemble deux systèmes opposés de gouvernement. En tout cas, il faut revoir ce qu'un homme, qui a bien étudié et connu la pratique des institutions américaines [1], dit du vote direct :

-----

(1) A. de Tocqueville, que M. Emile Ollivier appelle notre moderne Montesquieu et de qui il a encore écrit que « Benjamin Constant seul pouvait lui disputer la gloire de premier penseur politique de notre siècle ». (Voir *Revue des Deux Mondes*, du 15 Décembre 1896.)

« Bien des gens en Europe croient sans le dire, ou disent sans le croire, qu'un des grands avantages du vote universel est d'appeler à la direction des affaires des hommes dignes de la confiance publique. Le peuple ne saurait gouverner lui-même, dit-on, mais il veut toujours le bien de l'Etat et son instinct ne manque guère de lui désigner ceux qu'un même désir anime et qui sont plus capables de tenir en main le pouvoir. Pour moi, je dois le dire, ce que j'ai vu en Amérique ne m'autorise point à penser qu'il en soit ainsi..... C'est un fait constant que de nos jours, aux Etats-Unis, les hommes les plus remarquables sont rarement appelés aux fonctions publiques, et l'on est obligé de reconnaître qu'il en a été ainsi à mesure que la démocratie a dépassé toutes ses anciennes limites..... Il est impossible, quoi qu'on fasse, d'élever les lumières du peuple au-dessus d'un certain niveau... Qelle longue étude, que de notions diverses sont nécessaires pour se faire une idée exacte du caractère d'un seul homme ! Les plus grands génies s'y égarent, et la multitude y réussirait ! Le peuple ne trouve jamais le temps et les moyens de se livrer à ce travail. Il lui faut toujours juger à la hâte et s'attacher au plus saillant des objets. De là vient que les charlatans de tous genres savent si bien le secret de lui plaire tandis que le plus souvent ses véritables amis y échouent.

« Du reste, ce n'est pas toujours la capacité qui manque à la démocratie pour choisir les hommes de mérite, mais le désir et le goût... Il est démontré que ceux qui regardent le vote universel comme une garantie de la bonté des choix, se font une illusion complète. Le vote universel a d'autres avantages, mais non celui-là. » *De la Démocratie en Amérique*, IIe partie. chap. V.

Et dans un parallèle entre la Chambre des représentants et le Sénat des Etats-Unis, où il fait ressortir la supériorité de ce dernier : « D'où vient ce bizarre contraste ? Pourquoi l'élite de la nation se trouve-t-elle dans cette salle plutôt que dans cette autre ? Pourquoi la première Assemblée réunit-elle tant d'éléments vulgaires, lorsque la seconde semble avoir le monopole des talents et des lumières ? L'une et l'autre cependant émanent, l'une et l'autre sont le produit du suffrage universel, et nulle voix jusqu'ici ne s'est élevée en Amérique pour soutenir que le Sénat fût ennemi des intérêts populaires. D'où vient donc une si énorme différence ? [1] Je ne vois qu'un seul fait qui l'explique : l'élection qui produit la Chambre des représentants est directe ; celle dont le Sénat émane est soumise à deux degrés... Je ne ferai pas difficulté de l'avouer, je vois dans le double degré électoral le seul moyen de mettre l'usage de la liberté politique à la portée de toutes les classes du peuple. » *Ibid* [2].

----

(1) M. Léger Cauvin, dans la séance du 5 Octobre 1889 de l'Assemblée Constituante, faisait un éloge du Sénat haïtien dont il est intéressant de faire le rapprochement : « De nos deux Chambres, disait-il, le Sénat, mieux composé, n'oublie ni son origine, ni ses traditions : il veut garder son rôle de modérateur : son propre est la mesure dans l'action... » Dieu veuille que cet excellent état d'esprit de nos pères conscrits ne s'altère pas !

(2) « Un fait qu'il n'est pas permis de passer sous silence, c'est que la Chambre des représentants de 1846 fut nommée par le Sénat sur des listes de trois candidats pour chaque représentant présentées par le Pouvoir exécutif (Art. 191, disposition transitoire de la Constitution de 1846.). Elle ne fut ni la moins indépendante, ni la moins éclairée de nos Chambres. » A. THOBY. *Nos Constitutions républicaines et leurs metteurs en œuvre.*

L'auteur constate, au surplus, que ce qui corrige en partie le mauvais côté des institutions américaines, c'est que les lumières et surtout les mœurs exercent une influence puissante en ce pays-là, où l'éducation et la liberté sont filles de la morale et de la religion ; où la Société déjà ancienne et depuis longtemps assise, a pu se former des maximes et des habitudes [1].

L'éminent directeur de l'Ecole libre des Sciences politiques convient, de son côté, à propos du Sénat américain, que le suffrage à deux degrés passe pour introduire l'esprit de conservation et la supériorité de culture dans l'Assemblée qui en émane. (Voir Boutmy, *Etudes du Droit Constitutionnel.*)

« On a relevé, dit-il aussi, les disparates et les inconvénients de la Constitution américaine dont l'effet inoffensif ne peut s'expliquer que par le sang-froid et la dextérité qui sont des qualités de race dans ce peuple. » [2]

---

[1] L'année dernière, M. Georges Leygues, Ministre de l'Instruction Publique, dans un discours prononcé à l'occasion de l'anniversaire du 24 Février 1848, reprenant ce qui a été tant de fois répété, disait : « Entre les mains de citoyens dont la conscience est droite, dont l'esprit est libre et le jugement sûr, le suffrage universel est l'instrument le plus admirable de progrès et d'émancipation ; mais confié à une nation qui n'a pas atteint ce degré de liberté intellectuelle et cette droiture de jugement, il peut, ainsi que le disait si justement M. Charonnat, devenir un véritable danger. Voilà pourquoi, Messieurs, la République a toujours inscrit en tête de son programme le développement de l'instruction. C'est par l'instruction, en effet, que l'on arrivera à l'émancipation complète de la démocratie. » (*Figaro*, du 26 Février 1901).

[2] « Pour éviter des conflits qui seraient hors de toute proportion avec les questions en litige, les Américains font généralement preuve d'un sens pratique qu'on ne trouve pas toujours au même degré en Europe, où l'opposition politique, qui revêt si aisément l'apparence d'une taquinerie, rend plus difficile la tâche des gouvernants. » *Revue des Deux Mondes.*

N'avons-nous pas raison de nous demander si le caractère de nos populations et leur éducation politique sont suffisamment faits à la pratique du vote direct? On achèvera de le voir par ce qui vient après.

Le suffrage direct ne se rattache pas chez nous à quelque circonstance particulière et ancienne, à quelque fait positif de notre histoire nationale, ni à un désir ou une idée fortement ancrée et exprimée au sein des masses, à cause de ce que leurs intérêts ou leur dignité auraient eu à souffrir précédemment d'un régime électoral vicieux, oppressif, injuste. Il n'est pas venu, comme en France, par exemple, à la suite et en haine du régime censitaire. C'est théoriquement et par simple « imitation des peuples réputés habiles » que nous l'avons mis d'emblée dans nos premières Constitutions. Les Etats-Unis l'avaient, c'était assez pour nous l'approprier et le conserver quand, quarante-deux ans après, la France l'adoptait à son tour. Il y avait pourtant à rechercher si, pour agir ainsi, nous avions les mêmes motifs ou les mêmes idées ou le même tempérament...

Tout cela est à méditer sérieusement. L'on n'a même pas besoin de remonter bien haut dans les temps antérieurs. On lit dans le compte rendu de la séance du 5 Octobre 1889 de l'Assemblée Nationale Constituante : « M. J. B. GUILLAUME : ... Messieurs, il n'est pas bon de convoquer trop souvent les Assemblées primaires.... M. DELBEAU : ... Dans ce pays, à chaque fois que s'ouvre la période des élections, c'est une période de troubles. Autant nous reculerons ces périodes, autant le pays pourra jouir de la tranquillité. »

C'est d'autant plus vrai que le suffrage est direct. L'action perturbatrice de la crise électorale est plus profonde. Le mal s'exaspère, l'agitation et l'inquiétude sont plus vives et s'étendent davantage. Assurément, il y a beaucoup moins de troubles et de désordres à craindre dans l'Assemblée primaire qui, lorsque c'est à deux degrés, laisse la perspective et l'espérance d'une nouvelle épreuve : tout n'est pas perdu; la chaleur de la lutte s'atténue, car l'on peut encore patienter. Tandis que lorsque c'est à un seul degré, toute l'opération s'accomplissant là sans retour, la compétition, plus ardente, rend le choc plus violent. Le parti dont la défaite est imminente, et par cela que cette défaite est définitive, n'est plus maître de sa colère. Il tente les coups désespérés et s'abandonne aux excès que lui souffle son dépit.

C'est ce qu'on a vu dans les derniers évènements et qui a arraché à l'auteur d'un article intitulé « L'indispensable entente », M. Em. Ch. (n° du 16 Juillet 1902, de ''l'*Effort*''), ce cri découragé : « A travers les circonlocutions de la presse, on a pu sans doute retenir une chose, c'est que, *stupete gentes !* le peuple haïtien n'est pas mûr pour la liberté, son éducation étant encore à faire. Assurément on criera à l'anathème. Mais les faits de chaque jour répondent pour nous.»

Sans avoir besoin d'aller aussi loin, on peut affirmer que les élections au premier degré partagent avec l'absence du droit de dissolution le triste privilège de donner naissance à nos évènements les plus calamiteux. Aussi en a-t-on pris occasion pour implanter et perpétuer la déplorable pratique de l'immixtion de l'autorité, coutume à laquelle, hélas! dans ces vingt-deux dernières années, presque tout le monde semblait s'être fait ou s'être facilement résigné. Ceux qui en entreprenaient la justification vous disent que les troubles et les plus graves désordres éclatent entre les compétiteurs quand le Pouvoir n'intervient pas d'avance ; et que d'ailleurs trop souvent le choix populaire s'égare, l'intrigue et la ruse l'emportant sur le mérite. Si ces motifs sont plausibles, pourquoi ne pas prendre plutôt le remède bien meilleur du vote à deux degrés? [1] D'autant plus que l'ingérence abusive de l'autorité est, à cet égard, aussi inefficace qu'illicite. — En vérité, par ses résultats connus, elle n'a pas précisément amélioré la composition ni la qualité de nos dernières Assemblées.

Au demeurant, l'autorité aura toujours plus beau jeu dans l'Assemblée primaire, où elle n'a qu'à envoyer ses escouades militaires [2] voter au com-

----

[1] A la vérité, ce n'est le plus souvent qu'un prétexte, comme il a été dit. Mais voyez le malheur! Pour une fois, depuis plus de vingt ans, qu'on s'est dit que les élections seraient laissées à toute leur liberté, la bagarre a été générale. Tout le monde a abusé du scrutin et a eu recours à la corruption ou à l'intimidation. Tous les partis étaient armés, menaçant de faire usage de leurs armes quand ils ne distribuaient pas de l'argent pour acheter les suffrages. Confusion, conflit, alarme et rébellion, révolte et guerre civile. — Changeons donc notre mode de votation. —

[2] En France, le droit de vote est suspendu pour les militaires et marins, même s'ils se trouvent dans la commune le jour du vote, à moins qu'ils ne soient en congé régulier, en disponibilité, en résidence libre, en non activité ou dans le cadre de réserve.

Cela vaut-il mieux que le suffrage à deux degrés, qui atténuerait le mal, sans être obligé d'en venir à ces mesures rigoureuses pour ceux qui donnent ou offrent, à tout instant, leur sang pour la défense et la gloire de la Patrie?

mandement, que dans les collèges électoraux où il y a beaucoup plus de chance d'indépendance par les lumières et le rang de ceux qui les composent. A deux degrés, il faudrait un double assaut : « deux obstacles à vaincre, deux servilités à obtenir». L'expérience est faite. Dans nos élections influencées, c'est encore le collège électoral d'arrondissement le plus souvent qui résiste.

Et dire que le choix populaire s'égare, c'est reconnaître la convenance du second degré, qui est un meilleur remède, sans doute, que celui que l'on a cherché autant dans l'immixtion de l'autorité que dans l'aide et la direction de quelques personnes de haute situation matérielle ou morale. Sur ce dernier point, en effet, condamnant absolument l'intervention gouvernementale, on s'accorde toutefois à admettre la faculté de laisser à des personnes privées influentes le soin de diriger le choix des électeurs. Mais c'est à des conditions qu'il sera, en vérité, bien difficile de réaliser chez nous. C'est, en outre, en reconnaissant formellement que le suffrage direct a des côtés excessifs qui ont nécessairement besoin d'un correctif. Ecoutez plutôt : « Les lois électorales ont pour but d'assurer que le vote de tous les citoyens sera libre et éclairé. Ce double but semble impliquer contradiction : ceux qui éclaireront l'électeur ne porteront-ils pas atteinte à sa liberté de décision ? Il est évident qu'il y a là surtout une question de mesure et de moyens. La liberté du vote se concilie très bien avec l'influence qu'une haute situation matérielle ou morale donne à certaines personnes sur un grand nombre d'électeurs. Réduite à l'exemple, aux conseils, à la propagande par la parole ou la presse, cette influence est légitime, nécessaire même, car elle est le correctif du suffrage universel et de son excessive égalité. Elle devient coupable dès qu'elle s'exerce par d'autres moyens, si elle agit sur la volonté des électeurs par des promesses d'argent ou de faveurs, par des menaces relatives à leurs moyens d'existence, aux conséquences des votes sur leurs intérêts privés ou sur les intérêts généraux...» (MOREAU).

On a toujours et avec raison regretté l'abstention d'un très grand nombre de citoyens électeurs. — Indifférence, dit-on communément. Quel que soit le motif, ils ont assurément tort. Mais comment les faire revenir ? Indifférence ou écœurement, suivant les lieux et les personnes, c'est tantôt l'une, c'est tantôt l'autre. Devant les procédés, les violences et les désordres de la campagne ou du simulacre électoral, le découragement saisit presque toute la classe des hommes paisibles et laborieux. Choqués dans leurs habitudes, leur tempérament et leur conscience, ils restent à l'écart d'assemblées où ils savent que leurs efforts seront vains, leurs suffrages inutiles. Et quand c'est en effet de l'indifférence, on accorde du coup que notre mode d'élection à un seul degré n'a pas la vertu d'enthousiasmer les gens paisibles. Il n'est dans les goûts ni des citadins conservateurs ni des citoyens des campagnes, ceux-là précisément qui, libres de toute attache ou considération personnelle, donneraient des suffrages éclairés quant aux premiers, en tout cas sincères quant aux seconds. Or la loi, proclame-t-on, a pour but d'assurer que le vote de tous les citoyens sera libre et éclairé.

Ma conviction, sous ce rapport, est que le moins imparfait des modes proposés contre les inconvénients incontestables du suffrage universel, c'est le système du double vote, qui donnera notamment et le frein et le moyen d'intéresser auxquels, dans le passage suivant, faisait allusion le grand patriote que fut Edmond Paul : « Notre mal, après tout, ne semble si grand, ne paraît tant nous étreindre que parce que tout *frein* a été enlevé au petit nombre de ceux qui s'agitent seuls sur notre scène politique, le reste des citoyens éclairés, cent et cent fois plus nombreux, ayant par *conscience* abdiqué dans *l'indifférence* pour le sort de ces Gouvernements toujours traîtres à leurs devoirs moraux. Au contraire, *intéresser* toute cette grande majorité de nos populations aux idées d'un ordre social meilleur, aux véritables conditions d'une vie prospère et paisible, faire revivre en elles, avec le sentiment jaloux de la dignité nationale, celui de la solidarité civique et fraternelle, c'est les porter *d'enthousiasme* à la défense de nos institutions bienfaisantes et du Gouvernement qui les garantit. Il ne s'entretient jamais dans les cœurs de culte réel pour la patrie que lorsqu'on s'y sent libre, heureux et protégé ». *Aperçu d'un plan de Gouvernement.*

Au sujet de la brigue et l'intrigue : que si d'ailleurs, dans une campagne électorale et quel que soit le système adopté, il n'y a pas moyen de les supprimer entièrement, au moins dans le collège électoral, le champ en est restreint. Elles y rencontrent une assemblée autrement composée, réunion plus serrée d'hommes éclairés et d'esprits cultivés et de valeur morale, donc moins entraînables aux compromis-

sions. Les votes de surprise sont certainement plus
difficiles. Et quand la corruption et la vénalité s'y
mettent néanmoins, opérant sur une minime fraction
de la communauté au lieu de le faire sur le peuple
tout entier, elles n'altèrent pas la moralité publique
dans la source même de tous les pouvoirs de l'Etat.

Je ne veux pas trop appuyer sur le fait de la
corruption dans les assemblées primaires, chacun
pouvant s'en rapporter à ce qu'il a pu voir et
observer lui-même dans les derniers comices populaires. Par exemple, un article intitulé : *L'intervention
de l'argent dans la lutte électorale,* " *Courrier du
Cap* " du 14 Juin 1902, en fait un tableau navrant.
Il commence ainsi : « Il existe à l'heure actuelle
« des preuves irrécusables du commerce illicite
« provoqué par l'ardente lutte électorale. Qui a
« commencé?... On se renvoie la balle, et le public
« étonné, dérouté, ne sait pas à qui s'en prendre.
« Le jeu n'en continue pas moins et les miséreux,
« aussi ignorants que corruptibles, s'en vont par
« centaines échanger leurs cartes d'électeurs contre
« la maigre pitance d'une semaine : ils ont faim et
« ne savent pas ce qu'ils font ». Le morceau est vif.
Ecrit, paraît-il, sous le coup d'une profonde indignation, l'article continue en des termes comme
ceux-ci : « Un peuple qui n'a reçu d'autre éducation,
« etc..., est en vérité bien en état de se rendre compte
« de la valeur d'un bulletin de vote !... si l'on songe
« qu'il y a quatre partis en présence et que celui qui
« a ouvert la danse a forcé les autres à y entrer, — si
« l'on connaît l'état mental de l'électeur, on s'expli-
« quera très vite qu'il ne se donne pas seulement au
« plus offrant enchérisseur, mais à tous à la fois ».

Que l'on retranche ce que l'on doit pour la part qu'il faut faire à l'exagération et à l'indignation du moment, il en restera encore assez pour nous édifier sur ce qui se passe à l'occasion des élections.

Mettons enfin que l'on trouve le moyen de rendre les élections libres en même temps que relativement paisibles et sans corruption. Il restera l'obligation de se présenter au suffrage de ses électeurs. Au premier degré, c'est absolument exigible ; au second, on peut en être dispensé. Dans les idées du pays, qui n'est pas accoutumé aux choses si naturelles ailleurs [1] de la candidature et des programmes électoraux (j'ajoute tout de suite : à moins qu'il ne s'agisse de ces personnages, rares ici, tellement haut placés dans l'opinion que leur respectabilité est désormais hors de toute atteinte), dans les conditions ordinaires, dis-je, lorsque le candidat est forcé de descendre personnellement dans l'arène pour solliciter le suffrage de tant de personnes qui entrent dans la composition de l'Assemblée primaire, ne se produit-il pas quelque chose qui n'est pas fait pour rehausser la dignité et le prestige de l'homme, ces qualités principales pour le recommander au choix de ses concitoyens ? Le candidat est souvent le premier à le sentir.

Je crains qu'il ne se trouve en quelque sorte amoindri aux yeux de ses électeurs, non accoutu-

---

(1) En France même et à propos d'élection sénatoriale, on a dit par exemple : « N'est-il pas à craindre que la réforme de 1844 n'écarte du Sénat les hommes qui ne se soucient pas d'exposer leurs hautes personnalités aux caprices d'un corps électoral trop nombreux ? ». MOREAU.

més, ai-je dit, à ces pratiques électorales ; électeurs, au surplus, qu'on est obligé de caresser, flatter, supplier et même gagner par l'emploi de moyens pas toujours avouables. Pour ma part, je préférerai toujours que l'homme qui en est digne puisse attendre, et non courir, après l'honneur que voudront bien lui faire ses concitoyens de l'appeler à les représenter. Il est certain que cette nécessité de payer de sa personne et de se faire solliciteur de votes, la plupart du temps, éloignera des fonctions législatives ceux-là qui mériteraient le plus de les remplir. Le tort en est à eux ; soit. On a vu de nos hommes les plus distingués entrer très activement dans la lutte électorale et mener personnellement leur candidature. Mais le succès a-t-il toujours répondu à leurs courageux efforts ? Et qui peut garantir que les misères endurées dans une première épreuve ne leur enlèvera pas dorénavant le goût de la lutte personnelle ? Il y a un terme aux forces humaines aussi bien qu'à l'abnégation et au sacrifice.

Nous avons vu admettre, comme correctif utile, la faculté d'éclairer, de guider par des conseils le choix des électeurs. Faut-il rapprocher cela de la coutume chez nous des *chefs de bouquement* ? Les chefs de bouquement !... Est-ce une atténuation ? N'est-ce pas plutôt une aggravation ? D'ordinaire, ils mènent au tumulte et à la bataille plutôt qu'à l'exercice utile du droit des citoyens. Dans un ouvrage très connu en Haïti, l'auteur de l'article concernant la question, après avoir résumé différentes opinions, conclut que « dans les élections directes, il se forme des comités [1], souvent sans mandat, qui présentent un candidat ; ce candidat, en fait, est élu au deuxième degré, et plus d'un s'est demandé si, à ce comité sans mandat, on ne devait pas préférer un comité ayant mandat : celui des électeurs secondaires. » (HORACE HELBRONNER dans le *Dictionnaire de la Politique* de Maurice Block).

Un autre : « On admet également l'intervention de comités formés en vue de soutenir tel programme ou tel candidat. Il faut reconnaître pourtant que ces comités, dont l'origine est trop souvent obscure, exercent sur la foule incertaine une influence plus grande qu'ils ne le méritent. » MOREAU.

Le suffrage à deux degrés existe dans plusieurs Etats allemands, en Norvège, au Mexique, au Pérou. En Suède, le vote est généralement direct dans les villes et à deux degrés dans les campagnes ; ce qu'on a vu aussi en Serbie dans sa première Constitution, celle de 1869. A noter enfin aux Etats-Unis cette restriction remarquable à la règle générale : « Quatre Etats (Delaware, Massachusetts, Pensylvanie et Tenessee) exigent de l'électeur qu'il ait payé quelque taxe de l'Etat ou du Comté *(poll tax)*. Le Massachusetts exige aussi qu'il soit capable de lire la constitution en anglais et d'écrire son nom ; le Connecticut, qu'il soit capable de lire un article quelconque de la constitution et des lois et qu'il soit de bonnes vie et mœurs. »

---

(1) Comités là-bas, chefs de bouquement ici, ces dictateurs de l'électorat, comme on les appelle.

C'est donc un fait constant que partout où l'on s'occupe du suffrage universel, on sent le besoin de le corriger par quelque chose. Ainsi, on dit invariablement : suffrage universel corrigé par l'instruction publique. Je le trouve dans Edmond Paul comme partout ailleurs. Et j'imagine que cette instruction publique dont il est question n'est pas précisément celle que nous avons présentement, mais bien celle que nous espérons avoir dans un avenir plus ou moins prochain, et que, en vérité, nous n'avons pas encore. En attendant donc la réalisation si désirable de cette noble aspiration, faisons ce que commande l'état présent.

Continuons notre revue.

Equilibre du budget, économie dans les dépenses, afin de se tirer des embarras financiers. C'est ce qui est sur toutes les lèvres et au bout de toutes les plumes. D'où diminution réclamée du nombre des officiers et soldats, aussi bien que de l'armée des employés publics. Avec une égale raison, c'est-à-dire eu égard à la faiblesse de notre fortune publique, on demande la réduction du nombre des législateurs, de même que de celui des secrétaires d'Etat. L'élection à deux degrés s'y prête parfaitement.

A ce propos du nombre des députés : « Les Assemblées nombreuses, lisons-nous, ont plus d'inconvénients que d'avantages. Comme les foules, elles sont impressionnables, mobiles, divisées. Leur masse flottante ne se fixe que par le groupement autour de quelques chefs qui mènent seuls la politique ; les autres membres, sans personnalité et souvent sans valeur, ne sont que des machines à voter [1] entre les mains des chefs de groupes. Le grand nombre n'est ni nécessaire, ni suffisant pour assurer l'exacte représentation du pays; il permet l'accès du Parlement aux médiocrités. La Chambre française actuelle est sûrement trop nombreuse (581 Députés). » MOREAU. On le voit, il s'agit de la France.

La vérification des pouvoirs a plus d'une fois amené des difficultés très graves à la Chambre. On s'est demandé s'il n'y aurait pas quelque chose à faire de ce côté aussi. C'est en vue de cela qu'il a été proposé ailleurs de faire juger la validité des élections et les protestations par un tribunal composé, par exemple, mi-partie de Conseillers à la Cour de Cassation, mi-partie de Conseillers d'État.

Enfin, la crise électorale est si pleine de périls qu'il importe de la laisser durer le moins de temps possible, tout en assurant, bien entendu, les garanties ou les plus grandes chances du vote libre et éclairé. A voir donc également ce qu'il serait convenable de faire pour la réforme de la loi électorale. Par exemple, la liste électorale dressée d'avance et la réception des votes faite en un seul jour, comme en France et d'autres pays.

M. A. Thoby lui-même (il n'était pas contre le vote direct) parle comme suit dans ses *Questions à l'ordre du jour* : « Une loi électorale défectueuse dans ses modes d'inscription et de votation qui absorbent beaucoup trop de leur temps (électeurs ruraux). Et malgré tant d'obstacles, le plus grand obstacle est encore en eux-mêmes, dans leur ignorance, dans

---

(1) Prière de noter qu'il s'agit là de pays européens.

leur indifférence morale... Instruction gratuite et obligatoire comme la meilleure garantie du suffrage populaire. Mais parmi d'autres moyens qui peuvent être essayés pour secouer l'apathie du peuple et l'habituer à l'exercice intelligent du droit de suffrage, nous doutons de l'efficacité de fréquentes élections, et même nous pensons qu'elles vont à l'encontre du but à atteindre ». *De la Chambre des Députés,* p. 23. — Et plus loin : « Ce qui manque à la législation haïtienne, c'est une bonne loi électorale. La réforme est des plus urgentes pour parer, autant qu'une loi peut parer, aux vices et aux dangers réels de nos mœurs politiques. » p. 40.

L'éloge de M. Thoby n'est plus à faire. Qui ne sait, dans le pays, combien grande et solide était sa science, brillant son talent, ardent son patriotisme? On dira ce que l'on voudra de son tempérament; on peut aussi différer de lui sur des points de doctrine et de politique; mais on est forcé de convenir qu'à côté d'une rare probité dans les affaires et d'une grande fidélité à ses principes constitutionnels, il en était arrivé à un sens remarquable et en général, fort pratique des choses de gouvernement et d'administration publique. On peut donc l'en croire, quand, lui aussi, il demande des modifications à notre législation électorale.

Après ce que nous avons vu, éprouvé et subi, si nous ne nous décidons pas à rentrer dans la vérité, à nous débarrasser du mirage trompeur de nos fictions constitutionnelles; si ce que nous recherchons est toujours la vaine satisfaction d'avoir une Chambre soi-disant issue directement du suffrage populaire, plutôt que de nous préoccuper d'avoir, avant tout, une Assemblée sérieuse, offrant les garanties nécessaires de lumières, de patriotisme, de haute valeur morale; si, tous tant que nous sommes, nous ne tirons pas de notre récent passé la leçon qu'il comporte, si nous ne faisons pas l'effort d'écarter ce qui pourrait receler encore un retour de faits aussi calamiteux, — je ne sais vraiment pas ce qu'il faudrait en conclure..... Qu'il suffise de se rappeler que nous nous sommes vu appliquer l'épithète de République *irresponsable*, après qu'à quelque temps de là on nous avait qualifiés de République quelque peu *démissionnaire!*

CHAPITRE III.

DROIT DE DISSOLUTION

Il faut qu'on puisse trouver dans la Constitution même le moyen légal de résoudre les difficultés susceptibles de se produire entre les pouvoirs qu'elle établit. A l'égard du Pouvoir exécutif, il y a toutes les garanties constitutionnelles destinées à le contenir; à l'égard de la Chambre, il doit y avoir également une sauvegarde contre l'abus et l'excès. C'est le droit d'en appeler au jugement du pays. Ainsi s'obtiendra la pondération des pouvoirs.

« Si la puissance exécutrice n'a pas le droit d'arrêter les entreprises du Corps législatif, celui-ci sera despotique ; car, comme il pourra se donner tout le pouvoir qu'il peut imaginer, il anéantira toutes les autres puissances ». MONTESQUIEU, *Esprit des lois*, Liv. XI, Ch. VI.

« La dissolution n'est point comme on l'a dit, un outrage aux droits du peuple, c'est, au contraire, quand les élections sont libres, un appel fait à ses droits en faveur de ses intérêts. Je dis quand les élections sont libres; car, quand elle ne sont pas libres, il n'y a point de système représentatif. Entre une Assemblée qui s'obstinerait à ne faire aucune loi, à ne pourvoir à aucun besoin, et un Gouvernement qui n'aurait pas le droit de la dissoudre, quel moyen d'administration restera-t-il? [1] Or, quand un tel moyen ne se trouve pas dans l'organisation politique, les évènements le placent dans la force. La force vient toujours à l'appui de la nécessité. Sans la faculté de dissoudre les assemblées représentatives, leur inviolabilité n'est qu'une chimère. Elles seront frappées dans leur existence faute d'une possibilité de renouveler leurs éléments. » [2] BENJAMIN CONSTANT, *Cours de politique constitutionnelle.*

« La Chambre élective puise dans les votes populaires une force d'une autorité si grande qu'il est nécessaire de donner au Pouvoir exécutif une arme pour se défendre contre les entreprises de ce corps tout puissant. Aussi faut-il poser comme principe que toute Chambre élective doit pouvoir être dissoute. » A. ESMEIN, *Eléments de Droit constitutionnel français et comparé.*

« En refusant au pouvoir exécutif le droit de dissolution, on le prive d'un contrepoids nécessaire pour s'opposer à l'omnipotence législative. » LOUIS RADENAC. *De la Dissolution des Assemblées Législatives.*

« Quand de graves dissentiments éclatent entre les pouvoirs, s'il n'existe pas de moyen légal de faire appel au jugement du pays, on s'engage nécessairement dans la voie des coups d'Etat ou des insurrections. » *Id.*

---

(1) Prière de méditer particulièrement ces réflexions de Benjamin Constant, frappantes en toutes circonstances, mais ici palpitantes d'actualité par ce que les évènements contemporains ont fait voir.

(2) C'est donc ainsi dans l'intérêt bien entendu des Chambres elles-mêmes que le droit de dissolution doit exister.

Voilà déjà suffisamment d'autorités et d'opinions catégoriques et formelles pour faire trancher la question. Mais continuons. C'est assurément plus commode, plus rapide et plus sûr que tout ce que nous pourrions offrir par nos seules affirmations.

« Partout ailleurs où le système américain a été appliqué, il a donné lieu à des mécomptes qui montrent toutes les difficultés de ce genre de gouvernement. L'expérience que poursuivent encore actuellement les Républiques du Centre et du Sud (Amérique) le prouve avec évidence. Dans tous ces pays, les Chambres ont obéi à la tendance naturelle qui les pousse à intervenir dans les actes du pouvoir exécutif pour les diriger ou les contrôler. Les présidents de ces Républiques, sans arme pour se défendre, puisqu'ils sont dépourvus du droit de dissolution ou de tout mode d'action équivalent sur les Chambres, ne peuvent sortir des impasses où ils tombent que par des coups d'Etat et des révolutions. Le gouvernement parlementaire et le droit de dissolution, qui en est une des institutions les plus essentielles, nés en Angleterre, ont fait peu à peu en Europe le tour des pays libres : l'Angleterre, la France, la Hollande, l'Italie, l'Espagne, l'Autriche et la Hongrie, la Grèce, la Suède et la Norvège, le Danemark l'ont adopté.... Le Japon lui-même l'a adopté. » *Id.* P. 24.

On a dit et répété que le droit de dissolution est la soupape de sûreté par laquelle s'échappe l'excès de tension qui, différemment, ferait sauter l'appareil. Il est indiqué comme « le contrepoids nécessaire du gouvernement parlementaire ; » — « le seul remède à quelques-uns des maux que celui-ci peut engendrer. » PRÉVOST PARADOL. *La France Nouvelle.*

Les citations pourraient ainsi continuer longtemps. La discussion à laquelle a donné lieu la question a été complète et approfondie. Dans la France républicaine, par exemple, les objections ont été pesées et toutes victorieusement écartées. A tout prendre, cela vaut la peine d'être relu; ne serait-ce que pour le côté historique.

« Le droit de dissolution n'a pas pénétré sans difficulté dans la Constitution de 1875. C'est une des institutions qui ont rencontré la plus vive résistance.... On soutenait que le droit de dissolution était contraire au principe de la souveraineté nationale, puisqu'il permettait d'atteindre dans leurs pouvoirs légaux ceux qui sont les représentants par excellence de cette souveraineté, et au principe de la séparation des pouvoirs, puisque le pouvoir exécutif pouvait par ce moyen révoquer la branche essentielle du pouvoir législatif. On ajoutait qu'il était particulièrement inadmissible dans la nouvelle Constitution, parce que celle-ci faisait élire par les Chambres le Président de la République : délégué des Chambres, s'il pouvait dissoudre l'une d'elles, il donnerait le spectacle inouï d'un mandataire révoquant l'un de ses mandants. Enfin on relevait ce fait très frappant, que le droit de dissolution n'avait jamais été introduit dans les Constitutions républicaines.

« Mais la raison très forte, décisive, de l'admettre, c'est qu'il forme un des rouages naturels, presque indispensable, du gouvernement parlementaire : l'adoption de celui-ci dans la nouvelle République avait presque tranché la question. De plus, bien qu'il contienne une exception apparente au principe de la séparation des pouvoirs, le droit de dissolution est plutôt en réalité une sanction du principe de la séparation des pouvoirs, en ce qu'il a d'essentiel, puisque c'est le dernier moyen et le plus efficace pour garantir l'irrévocabilité et l'indépendance du pouvoir exécutif. D'autre part, on ne saurait soutenir sérieusement qu'il y a là un échec à la souveraineté nationale, puisque l'exercice du droit de dissolution a justement pour but et pour effet de remettre à la nation elle-même, au corps électoral, la solution du conflit et la décision suprême.... Il n'est pas plus exact de dire que la dissolution donne, sous notre Constitution, le spectacle du mandataire révoquant le mandant; car le Président de la République, bien qu'il soit élu par les deux Chambres, ou, pour parler plus exactement, par l'Assemblée Nationale, n'est point leur mandataire ni leur délégué : il est le titulaire d'un pouvoir indépendant, désormais irrévocable jusqu'à l'expiration de ses pouvoirs.

« Il est vrai que le droit de dissolution était jusque-là inconnu dans les Constitutions républicaines (en France); mais c'était la première fois aussi que l'on associait la République et le gouvernement parlementaire, jusque-là pratiqué seulement dans les monarchies constitutionnelles. Cependant on peut ajouter que son absence avait été regrettée dans quelques-unes des Constitutions républicaines antérieures. En effet, du moment que la Constitution admet un pouvoir exécutif plus ou moins séparé du pouvoir législatif et dont le titulaire ne peut pas être révoqué par ce dernier, il est toujours possible que des conflits se produisent entre les deux pouvoirs : le droit de dissolution est le seul moyen de leur donner une solution pacifique et définitive. » ESMEIN.

A propos du principe de la séparation des pouvoirs et en attendant que nous y revenions tout-à-l'heure plus spécialement encore, nous pouvons rapporter cette opinion notable que « le gouvernement représentatif, reposant sur la séparation des pouvoirs, exige, pour être en équilibre, l'indépendance du pouvoir exécutif sur son domaine propre.... Le despotisme des Assemblées délibérantes, — l'expérience l'a prouvé — n'est pas moins redoutable et funeste que le despotisme des monarques ou des dictateurs. »

Et cette autre : « En mettant, dit Laboulaye, en présence un pouvoir exécutif et un pouvoir législatif que rien ne tempérait parce qu'ils étaient *absolument* séparés, on les jetait l'un sur l'autre comme deux locomotives qu'on mettrait sur la même voie en face l'une de l'autre, en déclarant qu'elles ne se heurteront pas. » « Le coup d'Etat du 2 Décembre 1851, continue Radenac qui fait la dernière citation, vient prouver une fois de plus que la séparation *absolue* des pouvoirs conduit tôt ou tard à la main mise de l'un des pouvoirs sur l'autre. »

« A ces exemples, puisés dans l'histoire de la France, on ne manque pas d'opposer la Constitution des Etats-Unis, qui fonctionne depuis plus d'un siècle, bien que, en droit, la division absolue des pouvoirs y soit organisée. Ce qui est le propre de

la Constitution américaine, c'est de séparer complè-
tement l'exécutif du législatif : le Président ne
prend qu'une faible part à la législation, le droit
de *veto* dont il dispose lui permet seulement de
renvoyer la loi devant les deux Chambres : si, après
une nouvelle délibération, elle réunit dans chaque
Chambre les deux tiers des voix, il est obligé de
la promulguer. Les ministres n'ont aucune entrée
dans les Chambres, qui ne peuvent mettre en
jeu leur responsabilité politique. Le Congrès peut
se réunir quand il lui plaît, personne n'a le droit
de le convoquer. Le Président n'a pas davantage
le droit de le dissoudre. Cet inconvénient se trouve
en réalité modéré par deux correctifs. D'abord
les Assemblées ne durent que deux ans et le Sénat
se renouvelle par tiers tous les deux ans. Ensuite
le Président, nommé pour quatre ans, entre aux
affaires avec une Chambre nouvelle, et il est difficile
que la Chambre des représentants puisse se que-
reller avec ce Président nommé par un même
courant d'opinion. Quant à la Chambre qui est
nommée au milieu de la présidence, elle peut lutter
sans doute, mais la lutte ne peut être jamais bien
vive, quand, des deux parts, il suffit d'un peu de
patience pour que les deux pouvoirs expirent en
même temps et que le peuple ressaisisse sa souveraineté. Toutefois, si la stricte division des pouvoirs
n'a pas donné lieu aux Etats-Unis à des coups d'Etat
ou à des insurrections, sa mise en pratique n'a pas
échappé à la règle commune : l'absorption de l'un
des pouvoirs par l'autre. M. Woodrow Wilson a
établi que la direction du gouvernement tout entier
appartient effectivement aux comités permanents

des deux Chambres du Congrès et que la séparation exacte des pouvoirs n'existe que dans la théorie littéraire de la Constitution. Si ce régime n'a pas engendré jusqu'à présent le plus effrayant despotisme, c'est que derrière il y a les Constitutions particulières des Etats, qui sont la véritable garantie de la liberté ».

En voilà assez pour la doctrine et ce qui se passe à l'étranger. Maintenant les faits dans le pays même.

Première remarque. Nos mœurs publiques restées sur bien des points à peu près ce qu'elles ont été au commencement, penchent encore vers le gouvernement paternel des chefs plus ou moins militaires. Beaucoup de discours sur les libertés publiques et les règles constitutionnelles, peu d'actes en concordance avec ces belles déclarations.

Quel est l'haïtien, ou combien sont-ils ceux-là qui, ayant une contestation, hésiteraient à s'adresser, dès qu'ils le peuvent, aux agents de l'exécutif, au lieu d'aller simplement par devant les tribunaux? Ce n'est pas seulement pour les frais de justice. Il est certain que, dans la plupart des cas, on s'accommoderait davantage d'une décision personnelle du Chef de l'Etat que de la sentence des tribunaux. Et ils sont nombreux ceux qui, après avoir épuisé toutes les voies de recours judiciaire, pensent pouvoir encore recourir au Président d'Haïti comme en dernier ressort. On s'inquiète, on s'alarme dès qu'on n'a pas immédiatement sous les yeux les représentants et les attributs de la force publique armée. Nous sommes encore loin de ce point de perfection où l'on voudrait qu'un pays fût gouverné,

— 55 —

sans pourtant sentir, à tout instant, la main de ceux
qui gouvernent. Nous voulons, au contraire, sentir
et voir qui mène nos affaires. Nous aimons que
l'image de la force soit sans cesse vivante et parlante
à nos sens. Les coups d'autorité sont plus facilement
supportés que le légitime empire des lois. D'où
résulte que, dans un conflit entre le Pouvoir exécutif et les Chambres, c'est le premier qui, d'ordinaire, a la chance d'être approuvé par le plus grand
nombre de citoyens.

Deuxième remarque. — Nos cinq Constitutions[1]
sans droit de dissolution ont toutes donné lieu à
des conflits dénoués par des coups d'Etat ou des
révolutions ; et cela souvent en dépit même de la
modération des gouvernements du moment.

Si la Puissance exécutrice n'avait pas été si ra-
petissée en 1806, Pétion n'aurait pas eu besoin, à
deux reprises, de recourir à la dictature.

Si le Président Boyer avait eu le droit de dissolution, il ne se serait pas engagé dans la voie re-
grettable où l'on a eu le triste spectacle des expul-
sions de députés et des arrestations opérées dans
l'enceinte de la Chambre, pour aboutir enfin à la
catastrophe de 1843.

Laissons de côté 1843-1844. « Le gouvernement
des Hérard, comme le dit M. Thoby, avait créé
l'anarchie et l'anarchie nécessita la dictature ».

Le Président Salnave pouvant dissoudre la
Chambre, la Représentation nationale n'eût pas été
envahie et humiliée par l'émeute organisée à la suite
de l'interpellation Montas.

---

(1) 1806, 1816, 1843, 1867, 1889.

Le Président Nissage y eût trouvé un dénouement légal aux difficultés de la dissidence (1873-1874)[1].

N'eût-il pas mieux valu que le Président Boisrond Canal en eût la faculté en 1879, où la seule possibilité de l'exercice de ce droit aurait, sans doute, préservé le pays des tant malheureux évènements de l'époque.

Et plus tard, on ne se serait probablement pas tant appliqué à forcer les élections, ni cru obligé d'intimider ou de laisser corrompre la majorité, de peur d'avoir une Chambre systématiquement hostile en même temps que légalement irréductible.

Au spectacle des conflits de 1896 et 1897, quel est l'être doué de raison qui n'aurait pas mille fois préféré, pour trancher la difficulté comme on l'a voulu et comme on l'a fait en faveur du ministère, qu'on pût employer une forme légale au moins ?

Enfin, quel meilleur moyen d'empêcher le genre d'abstention et d'obstruction pratiqué en la déplorable année de 1902 ?

Maintenant, qu'on le dise : pendant tout le temps que le droit de dissolution a existé chez nous [2], quel abus révoltant en a-t-on fait ? Combien de fois en a-t-on même fait usage ? Une seule, 1863. Les pas-

---

(1) En Belgique, 1864, « .....deux partis avaient à la Chambre un nombre de voix égal, par suite de la mort d'un représentant libéral. L'opposition refusa d'assister aux séances de l'Assemblée, ce qui empêchait ainsi celle-ci de siéger. La dissolution vint mettre un terme à ce fâcheux état de choses. » RADENAC.

(2) Depuis l'introduction du système des deux Chambres, nous avons eu plus de Constitutions avec droit de dissolution que sans ce droit. Avec : 1846, 1849, 1874, 1879, 1888. — Sans : 1816, 1843, 1867, 1889.

sions ardentes du moment en ont tiré un grief au premier chef pour renverser le gouvernement. Mais l'histoire, calme et impartiale aura, sans doute, déjà prévalu dans la conscience publique, pour faire reconnaître à cet acte son véritable caractère. C'était l'usage légal d'une faculté constitutionnelle, alors que le gouvernement se trouvait en présence d'une Chambre fougueuse dont l'opposition grossissait chaque jour davantage. Elle avait déjà renversé le cabinet Plaisance père, un des plus raisonnables, sans contredit, que nous ayons eus dans le pays.

De quoi d'ailleurs s'agit-il en pareil cas? D'un appel à la nation, d'un retour vers le souverain sollicité de se prononcer entre les deux pouvoirs en conflit. Il n'y a, dans l'occurence, qu'une chose à demander : la liberté des élections. Si les mêmes représentants sont élus, l'Exécutif, édifié sur le sentiment public, cède ; sauf au ministère qui a provoqué la dissolution à se retirer. Le mécanisme constitutionnel aura tranquillement continué sa marche.

Je termine ce chapitre par l'opinion de M. A. Thoby, toujours dans ses « Questions à l'ordre du jour » :

Responsabilité ministérielle. « Il y a seulement ceci : le législateur constituant a voulu formellement le gouvernement parlementaire et il a été inconséquent en un point. Ce point, c'est le droit de dissolution de la Chambre des représentants refusé au Pouvoir exécutif ».

Le Sénat tel qu'il pourrait être. « Le Sénat progressiste... Il pourra exercer efficacement... 1º Le droit de prononcer la dissolution de la Chambre des représentants sur la demande du Pouvoir exécutif ».

Du droit de dissolution de la Chambre des représentants. « Ce n'est pas en retirant au Pouvoir Exécutif le droit de dissolution qu'on préviendra les coups d'Etat…. La non dissolution est contraire aux principes du gouvernement parlementaire, et si, par exception, elle a été bonne à quelque chose, elle produit à la longue son effet inévitable : la ruine du gouvernement parlementaire…. La non dissolution n'empêche ni la violence, ni la corruption, ni l'hypocrisie… ?

CHAPITRE IV.

FACULTÉ D'ÊTRE MINISTRE
ET MEMBRE DU CORPS LÉGISLATIF.

Lors de la discussion, aux Gonaïves, de la Constitution actuellement en vigueur, la proposition en a été faite dans le projet de M. A. Firmin, paraît-il. L'Assemblée l'a rejetée. Elle avait apparemment ses raisons du moment [1]. Plus d'un a dû le regretter. — V. d'ailleurs *infra* p. 68.

Je ne sais pas si aujourd'hui elle aurait donné le même vote. Il y a déjà quatorze ans. On ne vieillit pas pour rien. Chaque jour ajoute au lot d'expérience acquise. C'est même le propre des esprits supérieurs; surtout lorsqu'on a pu être édifié à la lumière et au contact immédiat des évènements. Il y aura toujours une différence dans la manière de voir avant d'avoir soi-même pratiqué et après.

La principale objection contre la faculté d'être

---

(1) Raisons de circonstance, rarement les meilleures. — « N'en déplaise à M. le Président de l'Assemblée, disait M. LÉGER CAUVIN, le règlement qui condamne en général les personnalités, ne les interdit pas lorsqu'elles n'ont rien de désobligeant. Avec nous siège dans cette Assemblée un membre, un Conseiller du Gouvernement provisoire, qui intervient sans cesse dans nos discussions, comme pour les conduire et les dominer. Chaque fois qu'il parle, il semble, et c'est l'impression que ressentent beaucoup d'entre nous, il semble que ce soit ce Gouvernement qui emprunte sa voix pour s'adresser à nous. » (*Murmure et Interruption*).

ministre en même temps que membre du parlement est que l'Exécutif se trouve, en fait, déjà trop fort. Nous l'examinons quelques pages plus loin. On avance aussi :

Que ce n'est pas d'accord avec le principe de la séparation des pouvoirs ;

Que le ministre, dans la Chambre, serait en quelque sorte juge et partie pour ses redditions de compte ;

Peut-être aussi que dans la distribution des places, il ne faut pas donner à un seul ce qui peut être la part de deux citoyens.

1º Les Etats qui admettent les ministres-députés font tous partie des pays constitutionnels pratiquant la séparation des pouvoirs. Je ne vois pas comment nous ne pourrions pas faire comme eux.

2º Être membre d'un corps n'a jamais empêché de rendre compte de ce dont on est responsable au sein de ce corps. On s'abstient seulement de voter à ce moment-là. Le Magistrat communal rend compte de son administration au conseil dont il fait partie. Le Trésorier du conseil de fabrique, de même ; le tuteur le fait au conseil de famille ; *le Vénérable de Loge, à son atelier.* Et ainsi de toutes les compagnies financières ou industrielles, de toutes les sociétés de commerce ou autre, où l'un des Associés est chargé de l'administration.

3º Si les fonctions publiques étaient, en effet, *un gâteau à partager* (style de 1843), l'objection de l'égalité dans le partage et de la répartition la plus étendue possible porterait. Mais il ne s'agit ici que du plus grand intérêt du service public.

Séparation des Pouvoirs. Dans l'Assemblée nationale constituante mentionnée au commencement de ce chapitre, on en a beaucoup parlé, ainsi que des deux systèmes de Constitution auxquels elle a donné naissance. Le sujet est assez important pour être repris.

Le législatif et l'exécutif devaient-ils être absolument séparés ou devaient-ils exercer l'un sur l'autre, pour les fonctions qui leur sont respectivement attribuées, une certaine action et un certain contrôle? Tels sont les termes dans lesquels a été posée la question des deux interprétations du principe introduit en France par Montesquieu.

Les deux interprétations, l'une et l'autre acceptées dans la doctrine, ont conduit, dans l'application, aux deux manières auxquelles on a fait allusion, c'est-à-dire entre lesquelles se partagent les Constitutions des pays libres.

Les principaux types de la première manière, la Constitution des Etats-Unis de l'Amérique du Nord et les Constitutions françaises de 1791 et de l'an III, se caractérisent par ces traits généraux: les ministres ne peuvent être membres du corps législatif et celui-ci ne peut ni les blâmer ni les renverser. Le Président seul est politiquement responsable. Le Pouvoir exécutif ne peut dissoudre la Chambre. Il n'a pas non plus l'initiative des lois et ne prend pas part à leur confection.

La seconde interprétation s'applique au gouverment parlementaire qui, né en Angleterre, a, comme on l'a dit, fait, peu à peu, le tour des pays libres en Europe et s'est établi jusqu'au Japon. Monarchies constitutionnelles aussi bien qu'Etats républicains. La responsabilité ministérielle, responsabillité politique, responsabilité solidaire, en est le trait essentiel. Les ministres peuvent être et peuvent rester membres des Chambres; ils leur donnent les éclaircissements qu'elles demandent. Le droit de dissoudre la Chambre est reconnu au Pouvoir exécutif, à condition de procéder à des élections nouvelles. Contreseing des ministres obligatoire dans les actes du Pouvoir exécutif.

Le premier système est critiqué fortement et à juste titre. On a, dès le début, reconnu qu'il est plus aisé de séparer les pouvoirs dans la théorie que dans la pratique. « La séparation absolue des pouvoirs est impossible ailleurs que sur le papier. Il faut nécessairement admettre entre eux une pénétration réciproque. Tout régime pondéré implique la collaboration et soldarité continuelles de tous les organes politiques. Si on exclut le Pouvoir exécutif de toute participation à la législation, on lui donne la tentation d'altérer dans leur exécution des lois faites malgré lui; si on renferme le Pouvoir législatif dans les limites de ses fonctions spéciales, on lui suppose une impassibilité qu'il ne peut avoir en voyant l'Exécutif user de ses moyens d'action contrairement aux vœux du pays ». RADENAC.

En effet, la séparation tranchée et absolue, chimérique et contraire à la nature des choses, n'a pu se maintenir là où l'on a cherché à l'établir. Continuons la citation.

« La division des pouvoirs se trouve au frontispice de toutes les Chartes depuis plus d'un siècle... Les

Constitutions de la France expriment presque toutes ce principe ; en Angleterre, en Amérique, c'est également un lieu commun..... mais en pratique, on s'aperçoit que la question est loin d'être sans difficultés. Si l'on cherche, en effet, dans l'histoire un gouvernement où ces trois pouvoirs aient été nettement séparés sans jamais se mélanger plus ou moins les uns avec les autres, on ne le trouve nulle part. En Angleterre, par exemple, où Palley, Blackstone et Montesquieu contemplent le fameux principe de la division des pouvoirs, c'est une maxime constante que le parlement, l'ensemble du pouvoir législatif, est composé de trois éléments : le Roi, la Chambre des lords et la Chambre des Communes; que le Roi est la tête, le principe et la fin du parlement. Les Chambres y exercent une action très grande sur l'Administration ; la Chambre des Communes peut accuser tous les hauts fonctionnaires et les renvoyer devant la Chambre des lords qui les juge ; la justice a, de son côté, une part de l'autorité législative : les précédents des cours y font loi. Mais que faut-il entendre par cette séparation des pouvoirs?... Cette séparation sera-t-elle d'ailleurs absolue?... La séparation absolue est impraticable, et si elle se réalisait, elle serait funeste à la liberté elle-même. La séparation absolue serait la guerre entre les pouvoirs; son effet serait non de maintenir l'équilibre, mais de donner à l'un des pouvoirs la prépondérance au détriment de l'autre. « Pour que les pouvoirs restent à jamais divisés, disait Mounier à l'Assemblée Constituante, il ne faut pas qu'ils soient entièrement séparés ».

« La division des pouvoirs n'est donc qu'une simple vérité d'observation, qui se réduit à ceci, qu'il faut que les pouvoirs législatif, exécutif et judiciaire ne soient pas entièrement tous ensemble dans la même main ; ce qui ne doit pas empêcher que le pouvoir exécutif ait une part de la législation [1], que le pouvoir législatif ait une influence sur l'administration et que l'autorité judiciaire supplée, au besoin, à l'insuffisance des lois. Cette prétendue confusion est même tellement nécessaire que là où l'on établit la séparation absolue, on arrive aux plus fâcheux résultats. » (PRADIER FODÉRÉ, *Droit administratif*, citant Laboulaye, *Histoire des Etats-Unis*. Voir aussi Tocqueville.

Aux États-Unis, « la séparation du pouvoir exécutif et du pouvoir législatif n'a pas pu se maintenir, telle que la Constitution l'avait arrêtée. La pratique a fatalement établi un contact plus intime et un trait d'union entre les deux pouvoirs. Cela se trouve dans les comités permanents du Sénat et surtout de la Chambre des représentants : les premiers, élus par l'Assemblée elle-même ; les seconds, nommés par le Président de la Chambre (*Speaker*)... Les ministres, qui désirent voir aboutir une loi ou la faire proposer par un membre du Congrès, ne manquent pas de s'aboucher avec le Président du Comité devant lequel le projet sera renvoyé. Quelques-uns de ces Comités permanents, ceux de l'armée et de la marine

---

(1) L'article 46 de la Constitution de 1846 serait donc dans le vrai en disant : que « la puissance législative s'exerce collectivement par le Chef du pouvoir exécutif et les deux Chambres représentatives ; la Chambre des représentants et le Sénat ». Ce qu'a répété l'article 44 de la Constitution de 1874.

en particulier, et celui des voies et moyens qui statue sur les dépenses allouées à chacun des départements ministériels, s'occupent, en réalité, beaucoup plus d'administration que de législation... » [1]. (ESMEIN.)

« Je ne m'arrêterai pas, a écrit Odilon Barrot, dans une lettre de 1865, à propos de décentralisation, à l'objection de la division des pouvoirs : outre que cette division est plus théorique que pratique, même au sommet des pouvoirs, puisque le chef de l'Etat participe tout à la fois au pouvoir législatif par son initiative et son droit de souverain, au pouvoir exécutif par ses décrets et ses nombreux agents, et même au pouvoir judiciaire par la désignation des juges. »

« Le second fait, continue Esmein, qui montre les difficultés de ce système de gouvernement, ce sont les mécomptes auxquels il a donné lieu en dehors des Etats-Unis de l'Amérique du Nord. Ils sont, d'ailleurs, aisés à comprendre et à prévoir. Partout et fatalement les Chambres des députés ont une tendance irrésistible à contrôler les actes du pouvoir exécutif, à intervenir même dans son fonctionnement pour le diriger et le commander. Le gouvernement de cabinet donne à ce courant une issue légitime : il le canalise pour

---

(1) « La présence, dit un auteur américain, M. Burgess (*Political science*), des chefs des départements ministériels dans les Chambres législatives est certainement un avantage toutes les fois que les voies et moyens de l'administration deviennent les objets de la législation; et si on les veut présents, il faut qu'ils soient membres; autrement ils ne pourraient obtenir les droits et privilèges nécessaires à la préservation de leur dignité et de leur indépendance ».

ainsi dire. La séparation tranchée des deux pouvoirs lui oppose, au contraire, une digue et un obstacle constitutionnel. La Constitution dit de parti pris aux députés : « En dehors des lois que vous votez, il vous est interdit d'exercer aucune autorité sur les actes individuels du Pouvoir exécutif. » Comment une pareille défense pourrait-elle être obéie ? La conséquence inévitable, ce sont des conflits entre le Pouvoir exécutif, fort de son droit légal, et la Chambre des députés, forte de son droit presque naturel. La solution qui s'est introduite aux Etats-Unis, quelque imparfaite qu'elle soit, prouve encore la haute sagesse politique de la race anglo-saxonne. Mais, ailleurs, on ne s'est pas tiré à si bon compte. Faut-il rappeler l'expérience que nous avons faite avec la Constitution de 1791 et avec celle de l'an III ? Une expérience, plus concluante encore, s'est faite et se poursuit dans les Républiques de l'Amérique du Centre et du Sud, qui ont emprunté aux Etats-Unis leur système constitutionnel. Parmi les causes qui troublent leur vie politique et amènent de si fréquentes et regrettables révolutions, figure, aux yeux des observateurs, le principe de la séparation tranchée des deux pouvoirs [1]. Il ne saurait

---

(1) Voyez le *Temps*, du 24 Août 1894, article intitulé *Hécatombe de Chefs d'Etat*. « Onze Présidents, sur dix-sept que compte l'Amérique hispano-portugaise, tirent l'origine de leur grandeur d'un coup d'Etat ou d'une révolution. Cette constatation prouve assez quelle erreur fondamentale ce fut que de prétendre appliquer à la plupart de ces peuples le système présidentiel, c'est-à-dire la Constitution représentative des Etats-Unis, qui ne convient ni à leur race ni à leur tempérament. Il faudrait à ces néo-latins, enclins à se payer de grands mots et de formules, et dont le sang, produit de tant de croisements divers, bouillonne sous le feu des tropiques, la soupape de sûreté du parlementarisme. » Les

être efficacement respecté par le tempérament des Chambres qu'élit la race espagnole. Celles-ci abusent facilement des dispositions constitutionnelles, pour réintroduire, par une porte détournée, les pratiques du gouvernement parlementaire. Les Présidents eux-mêmes, instinctivement, cherchent à composer des cabinets qui répondent à la majorité dans les Chambres, sauf à affirmer parfois leur droit d'avoir une politique absolument indépendante. On veut faire ainsi marcher deux systèmes de gouvernement opposés, et l'on n'a que les inconvénients de l'un et de l'autre » [2].

Comme pour le droit de dissolution, ce n'est pas sans lutte et discussion, par conséquent sans mûre délibération et expérience faite, que le gouvernement de cabinet a été définitivement établi. A commencer par l'Angleterre : « Deux clauses *(de*

---

très remarquables correspondances du Brésil, de la République Argentine et du Chili — continue l'auteur — que publie ce journal depuis plusieurs années, fournissent à chaque page la confirmation de cette manière de voir. Voici un exemple, n° du 19 Janvier 1894 : « Seule, la République parlementaire aurait eu quelque chance de sécurité au Brésil ; il eût suffi de modifier la teneur de la Constitution impériale, le fond s'adaptait parfaitement à une forme de gouvernement républicain. Les politiciens du 15 Novembre ont préféré copier celle du peuple qui s'éloigne le plus du tempérament brésilien. »

(2) M. Charles Dubé, de son côté, a dit : « Il faut que la Constitution soit modifiée et qu'elle consacre franchement l'introduction ou du régime parlementaire avec toutes les responsabilités qu'il crée, ou du régime de la séparation des pouvoirs avec toutes les garanties qu'il peut offrir. Dans l'état présent, notre Constitution ne peut nous procurer aucun des avantages de ces divers régimes, mais elle nous en inflige, en revanche, tous les inconvénients, aggravés encore par l'inconvénient suprême inhérent à la co-existence dans une même loi de deux principes opposés. » *La Constitution haïtienne et sa révision.*

l'acte d'établissement de 1701) sont une même tentative pour détruire le pouvoir de cabinet en excluant les ministres du parlement et en les noyant pour ainsi dire dans un grand conseil privé. C'était la résurrection d'un plan qui avait échoué sous Charles II. Il échoua de nouveau et définitivement. Les deux articles furent rapportés sous la reine Anne, et le gouvernement de cabinet, appuyé sur la majorité parlementaire, est demeuré depuis lors la base du régime politique. » (BOUTMY). On sait comment ce genre de gouvernement a fait ensuite le tour de l'Europe.

De ces généralités et exemples étrangers, montrant que la faculté d'être ministre et député s'allie parfaitement avec le principe de la séparation des pouvoirs rationnellement interprété, revenons à ce qui regarde particulièrement Haïti.

La grande objection, ai-je rappelé, c'est que l'Exécutif possède déjà, en fait, trop de force pour permettre à ceux qui entrent dans sa composition de faire partie d'un autre pouvoir. — Le ministre, placé dans les rangs des mandataires de la nation, les entraînerait sans cesse dans le sens du Pouvoir exécutif.

Eh quoi! dans les deux positions, l'orateur ne se fait-il pas entendre? Les mêmes avantages de parole ne peuvent-ils pas entraîner, qu'ils viennent du banc des ministres ou de celui des députés ? — Partant, qu'est-ce qu'il y a à craindre? — Le ministre, député ou non, qui entraîne la majorité est tout à fait dans son rôle. — C'est même ce qui fait sa valeur. — La donnée du gouvernement représentatif et parle-

mentaire, n'est-ce pas ceci : en face d'une opposition
plus ou moins raisonnable, mais utile dans tous les
cas pour tenir l'Exécutif en haleine, une majorité
qui vote avec le Ministère parce que celui-ci l'aura
persuadée de sa rectitude et lui aura inspiré
confiance ? — De plus, qu'on n'oublie pas qu'il y a
nécessité de constituer le Pouvoir exécutif légalement assez fort : lorsqu'il est théoriquement trop
affaibli, il tend, encouragé en cela par la conscience
publique, à reprendre en fait ce qui lui est refusé en
droit. — Et, je le répète, se faisant alors lui-même
sa part, il peut se la faire démesurément large, ...
au détriment des ministres tout les premiers. Quoi
qu'il en soit, l'excès de force qu'il y aurait à
redouter n'est pas de la part des ministres, dont
nous connaissons bien la position dépendante, précaire, toujours chancelante. — On voit plus loin ce
qu'il faut, au contraire, déduire de ce fait.

Là-dessus, cependant, le même membre déjà
cité de l'Assemblée Constituante de 1889 disait, à la
tribune : « Avec cela, que deviendrait le Chef de
« l'État?... La responsabilité ministérielle, et l'expé-
« rience le prouve tous les jours, n'est pas bien
« sérieuse. Mais il n'en est pas ainsi du Président
« de la République. — Je ne puis faire abstraction ni
« de l'histoire, ni de l'état de mon pays pour lui
« donner des institutions ; je le prends, au contraire,
« tel que les années l'ont fait et tel qu'il restera
« longtemps encore. Eh bien ! devant ce peuple, le
« fonctionnaire vraiment comptable du bien et du
« mal, ce n'est point le représentant des communes,
« c'est à peine le Secrétaire d'État, c'est surtout le

« Président de la République. — Un excès de cen-
« tralisation, dont vous ne pouvez détruire les effets
« en un jour, a fait de lui le gardien, le protecteur
« naturel de tous les intérêts publics ou privés, à ce
« point que la confiance naïve de la foule voit en lui
« le Grand Justicier. — Pour lui, la responsabilité
« signifie l'exil sans terme quand ce n'est pas la
« mort.— Messieurs, à celui-là, qui a, sinon toute la
« responsabilité, mais la plus grande part, laissez
« une somme proportionnelle de liberté, etc. »

L'éloquence est une belle chose et une grande
force. Au milieu de l'admiration qu'elle soulève, elle
est capable parfois d'ébranler les convictions les plus
arrêtées. Le brillant orateur entraîna l'Assemblée.
Mais la vérité est qu'on peut en convenir avec lui
sur bien des points et arriver néanmoins et par là-
même à une tout autre conclusion. Par exemple, il
n'est pas pour le système américain. Il voudrait
qu'on tînt compte des antécédents historiques et de
l'état social du pays. Le Président de la République
est aux yeux du peuple « le gardien et le protecteur
naturel de tous les intérêts ». — « La confiance
naïve de la foule voit en lui le Grand Justicier ».

D'où le gouvernement personnel, comme il est
d'ordinaire pratiqué en Haïti. D'où la nécessité, d'autant plus, de donner de la solidité à la position des
conseillers officiels du Chef de l'État. Je m'explique.

Toute force, même la plus utile, doit être susceptible d'être modérée. Il en est ainsi de la puissance
parlementaire. Il en est ainsi du pouvoir présidentiel.
Où trouver l'élément modérateur vraiment efficace

de la toute puissance que « la confiance naïve de la foule » reconnait au « Grand Justicier » ?

Dans l'action des chambres ? Mais [1] les articles 106 et 118 de la Constitution disposent : Art. 106. « Le Président d'Haïti n'est point responsable des abus de pouvoir, ou autres illégalités, qui se commettent dans une des branches de l'administration relevant d'un Secrétaire d'Etat en fonction et que celui-ci n'aurait pas réprimés. — Art. 118. Les Secrétaires d'Etat sont respectivement responsables tant des actes du Président, qu'ils contresignent, que de ceux de leur département, ainsi que de l'inexécution des lois ; en aucun cas, l'ordre verbal ou écrit du Président ne peut soustraire un Secrétaire d'Etat à la responsabilité ». De sorte que, légalement, on s'en prendra toujours aux secrétaires d'Etat, eux qui ont déjà pour devoir moral en toutes circonstances de couvrir le Président. Aussi bien, est-ce la pratique constante et utile que de laisser la personne du Chef

---

(1) Sans compter que les Assemblées, Chambre ou Sénat, passant à certains moments d'un extrême à l'autre, impriment à leurs remontrances un air impératif et agressif. Que ce caractère soit tel au fond ou seulement apparent et même gratuitement supposé, les représentations n'en arrivent pas moins à irriter celui qu'elles auraient peut-être ramené par un peu plus de courtoisie et de ménagement dans les procédés.

« On y parviendra, dit M. Hérard Roy, dans son remarquable rapport à la Société de législation, et là où il parle de l'éducation morale et politique. « On y parviendra, en signalant les abus, en « prenant courageusement la défense de la liberté, du droit de « la personne humaine, non point en provoquant : car l'injure, « l'irrévérence n'ont jamais abouti, en aigrissant le pouvoir, qu'à « une plus outrageante oppression, mais par les conseils qui « persuadent, par la fermeté et la persistance dans l'œuvre d'éducation sociale, par l'autorité de l'exemple qu'on donne soi- « même du respect des droits qu'on proclame... »

de l'État en dehors de toute discussion. On peut l'affirmer : l'irresponsabilité politique du Président est réelle ; sa responsabilité, en général, une chimère.

Irresponsabilité réelle, malgré les mots « avec lui » qui se trouvent à la fin de l'art. 105, mentionnant le cas d'un acte de Président « contresigné par un Secrétaire d'Etat qui, par cela seul, s'en rend responsable *avec lui* [1] » ; malgré la disposition générale des art. 35 et 40, ce dernier portant que la responsabilité individuelle est formellement attachée à toutes les fonctions publiques. *Responsabilité, une chimère,* comme on le dit de pays stables, pays solidement assis et vraiment réguliers. Jugez de nous. « Cette responsabilité, lisons-nous, paraît une chimère presque impossible à faire passer dans la pratique lorsqu'elle vise le titulaire même du Pouvoir exécutif... Mettre un Président en accusation avant l'expiration de ses pouvoirs, cela est possible en droit et en fait ; mais c'est une crise violente, presque aussi grave qu'une révolution, et à laquelle on ne recourra qu'à la dernière extrémité ». Esmein.

Où trouver l'élément modérateur cherché ?

Dans cette *responsabilité qui signifie l'exil sans terme ?* Alors, la révolution ! Personne n'en veut assurément.

. (1) Les Constitutions de 1856 (art. 130) et de 1874 (art. 126) n'avaient pas les mots « avec lui » ; celle de 1816 (art. 128, 223) déclarait seulement les secrétaires d'Etat essentiellement responsables. Tandis que 1867 (art. 120) tient formellement le Président « responsable de tous les abus d'autorité et excès de pouvoir qui se commettent dans son administration et qu'il n'aurait pas réprimés » ; et 1888 (art. 37), de ceux « commis par lui » et « dans le cas de haute trahison ».

Je ne vois finalement que le Conseil des secrétaires d'Etat, les ministres donnant en toute occasion leur avis avec franchise et fermeté. Le respect
et le dévouement qu'ils doivent à celui qui a placé
sa haute confiance en eux ne l'empêchent nullement.
Mais il faut pour cela une indépendance de position
que seul leur procurera la ressource possible d'un
siège conservé dans les Chambres. Rien de plus
convenable et juste que la responsabilité ministérielle. C'est la garantie essentielle d'une bonne
administration. Il n'est pas moins vrai de dire que
l'indépendance des ministres est la condition nécessaire de leur responsabilité.

Voyez, au contraire, dans quelle dépendance ils
sont tenus ! A tout instant, le Chef de l'Etat peut
user de son droit de les révoquer ; les Chambres
législatives, par un vote qui n'est pas toujours frappé
au coin de l'équité, peuvent les obliger à se retirer ;
la presse, par des attaques qui ne sont pas non plus
toujours sans passion, peut les miner ; et l'opinion
publique qui devrait être sévère pour les ministres
indignes, mais toujours prête à dédommager ceux-
là qui n'ont pas hésité à faire leur devoir, ne sait
remplir que le premier de ces rôles. Joint à cela,
« la responsabilité qui signifie l'exil quand ce n'est
pas la mort », emportant les ministres en même
temps et aussi bien que leur chef.

Vous laissez le ministre dans cette dépendance
multiple et vous lui demandez de discuter, au besoin,
contre la volonté persistante du Chef de l'Etat, de
soutenir devant les Chambres l'opinion qu'il croit
fondée, au risque d'encourir leur colère ; de ne

montrer aucune complaisance envers ceux qui, cependant, pourraient lui nuire dans la presse ou dans le public ! Vous lui demandez de lutter contre toutes les passions, d'où qu'elles viennent, et vous continuez à le laisser faible, désarmé, sans appui[1] !

Comment s'étonner après cela que tant de ministres n'aient pas répondu aux espérances qu'ils avaient fait naître ? A coup sûr, ils n'arrivent pas invariablement avec le parti pris de mal faire. Mal à propos attaqués, injustement accusés, méconnus, calomniés, ou commençant à être gênants, il en est qui n'ont faibli, cédé ou failli que de guerre lasse, après avoir reconnu l'inanité de leur bonne volonté et de leurs efforts. Il faut être doué d'une rare vertu pour résister longtemps à la pensée qu'on se sacrifie en pure perte. Qu'ils démissionnent donc ! direz-vous. Hélas ! ce n'est pas le désir qui manque souvent. On ne l'ose guère. La haute surveillance de la police attend à la sortie.

Oui, c'est bien le cas de répéter, après l'auteur de *La France Nouvelle :* « C'est trop compter sur l'idée de devoir ; c'est trop demander au pur amour du bien public ; et quand les institutions pêchent par ce noble excès d'exigence, la faiblesse humaine s'en venge en les laissant inertes ou en les détruisant. »

---

(1) « On parle des ministres, a écrit Chateaubriand, ou se fait une idée ridicule et exagérée de leur influence. D'abord, ils sont responsables; et c'est déjà une chose assez menaçante pour eux que ce glaive suspendu sur leurs têtes. Ensuite nous avons contre leur incapacité une garantie qui tient à la nature même de nos Constitutions.... Car un homme absolument nul ne peut occuper longtemps une première place sous un gouvernement représentatif. Attaqué par la voix publique et dans les deux Chambres, il serait bientôt obligé de descendre du poste où la seule faveur l'aurait fait monter ». *Réflexions politiques sur des écrits du jour,* etc.

Ce que M. Thoby, de son côté, dit du Président est d'autant plus applicable au ministre : « Une disposition constitutionnelle n'en est pas moins radicalement mauvaise et condamnable qui met l'intérêt constammment aux prises avec le devoir, et demande à la nature humaine, pour le train ordinaire et le menu de chaque jour, politique, un sacrifice de soi-même au dessus de ses forces. » *Questions à l'ordre du jour.*

Si vous voulez qu'un ministre soit toujours disposé à soutenir un avis juste, même en face du sentiment contraire du Chef de l'État ; — si vous voulez qu'il ait le courage de son opinion, à faire prévaloir de haute lutte, s'il le faut, devant les Chambres ; — si vous voulez que, dans les actes de son administration, il ne se préoccupe que de ce qui est utile au bien public, — ne le mettez pas continuellement entre son devoir et l'intérêt de sa position, l'esprit obsédé de cette pensée que, s'il tombe pour avoir bien fait, il tombera à plat, sans compensation, sans retour, sans ressource, sans défense, et assez fréquemment exposé de plus à bien des ennuis pour son repos et sa sécurité. En un mot, rendez-lui l'indépendance de son caractère par l'assurance d'un siège conservé au Corps législatif, où, reprenant pied après avoir dignement quitté le ministère, il pourra continuer la défense de sa politique, et, si elle est fondée, la faire prévaloir enfin, au grand profit de la chose publique.

Même au point de vue seulement des affaires courantes à expédier, comment voulez-vous qu'avec cette incessante préoccupation de l'imminence d'une chute irrémédiable, ces agents supérieurs gardent la liberté d'esprit nécessaire ?

Contre un tempérament fortement trempé ou assez détaché des séductions du pouvoir pour envisager d'un œil serein l'éventualité de l'abandon du porte-feuille, — stoïcien décidé à voir se briser son existence politique plutôt que de céder, — combien d'autres paieront leur tribut à la faiblesse humaine ! Faites que tous les esprits supérieurs puissent accepter un portefeuille ; que le ministre, exempt d'inquiétude sous le rapport qui nous occupe, puisse faire tout son devoir. Sinon, vous verrez encore l'homme de poids qui fait bonne figure dans les Chambres refuser le plus souvent d'entrer au ministère, de peur que ce moyen — on l'a dit et redit — n'ait été imaginé pour le faire sortir du Parlement, l'user ou l'annuler et le congédier bientôt. Plus celui-là aura de valeur politique, plus il sera circonspect et diffi-cile, s'il n'entend pas s'exposer à voir arrêter net sa vie publique.

Ne laissez pas enfin aux ministres l'occasion de soutenir que « le droit d'interpellation entraînant la « faculté de donner des votes de blâme, ou plutôt de « non-confiance, ne s'exerce que lorsque les minis-« tres peuvent faire partie du Parlement et que le « Pouvoir exécutif a le droit de dissoudre la Chambre « pour en appeler aux élections[1] ». *Séance du 28 Mai 1897*. Chambre des députés.

---

[1] Quelque mal fondée qu'on puisse la déclarer, il faut toutefois reconnaître que ce n'est pas seulement en Haïti qu'une telle doctrine a été soutenue.

Encore un mot de M. Thoby : *De quelques ques-tions touchant les lois de finances.* « Un ministre ou un ministère doit se démettre devant le vote le plus injuste du parlement, mais aucun homme sérieux en Haïti n'accepterait un portefeuille, si le peu de bien qu'il possède, et qui souvent suffit à peine à l'existence d'une nombreuse famille, était à la merci de toutes les résolutions parlementaires. Il ne faut pas rendre les fonctions ministérielles trop redou-tables aux honnêtes capacités ».

Que l'on parle maintenant des mauvais côtés du gouvernement parlementaire ! — Soit. Mais ce sera comme de toute chose humaine. Pour en faire une équitable appréciation, on devra balancer les avan-tages et les inconvénients. Il a sûrement du bon. Il peut avoir aussi du mauvais ; mais c'est quand on en abuse. Et de quoi n'abuse-t-on pas ? Qui peut ignorer que la responsabilité ministérielle, cette condition indispensable d'une bonne administration, à côté de ses avantages précieux, « a des inconvénients qu'il ne faut, a-t-on bien dit, ni dissimuler ni exagérer ? » [1]. La soumission à la loi de la majorité fait la base

---

(1) F. Moreau. *Précis élémentaire de droit constitutionnel.*
« La responsabilité ministérielle a des inconvénients qu'il ne faut
« ni dissimuler ni exagérer. Elle détourne l'attention du ministre
« des affaires de son département pour les questions d'ordre
« purement politique ; elle l'empêche de se spécialiser par une
« longue manipulation des mêmes affaires ; elle l'arrache du pouvoir
« au moment où il commençait à connaître les affaires ; elle lui
« enlève le goût des réformes à longue portée, lentement mûries.
« — L'instabilité ministérielle qu'elle crée est nuisible aux
« affaires publiques, en faisant arriver au ministère des hommes
« encore ignorants, qu'elle en précipite dès qu'ils savent quelque
« chose. — Ces critiques s'adressent surtout à l'abus, si fréquent,
« de la responsabilité ministérielle, etc. »

de toute société organisée. Que n'a-t-on pas dit cependant de *la loi brutale du nombre et de la force*? Qu'est-ce qu'on ne critique pas ? Qu'est-ce qu'un homme de talent, abondant dans son sens, entraîné lui-même, ne parvient pas soit à entamer, soit à recommander ? Seulement, cela ne tient pas long-temps quand ce n'est pas fondé. Et puis — tout le monde le sait — la vérité n'est pas dans les extrêmes. Il faut savoir en tout garder la mesure. « Rien ne marque tant le jugement solide d'un homme que de savoir choisir entre les grands inconvénients ». Retz.

Encore un témoignage pour finir. Mirabeau a écrit dans ses Mémoires qu'« il fallait obtenir que les députés élevés au rang de ministres continuassent de siéger et d'opiner sur toutes matières comme membres dans le sein de l'Assemblée et non à la barre ; non plus en des cas limités, mais à leur volonté et en toute occasion; non plus seulement pour répondre à des interpellations, mais pour en faire au besoin ; non plus dans l'attitude inerte et passivement défensive des agents d'un pouvoir humilié, mais dans le rôle actif de co-mandataire d'une nation souveraine. »

C'est en effet de cette façon que nous autres aussi pourrons faire l'expérience et acquérir le goût de la liberté politique réglée, pacifique et digne.

En faveur de l'opinion qui voudrait étendre la compatibilité des fonctions législatives à la magistrature, aux membres au moins du tribunal de cassation, on peut faire valoir ceci : C'est qu'il est indispensable que, dans les Assemblées qui légifèrent, l'on fasse entrer des hommes ayant la spécialité de la jurisprudence et de la législation.

Ils sont rares chez nous, pour ne pas dire plus, ceux-là qui font de la science des lois une étude suivie, comme de purs savants, philosophes et jurisconsultes. La lutte pour l'existence nous emporte ailleurs. De sorte que ces hommes spéciaux, il faut les aller chercher dans la classe des magistrats en fonction, et notamment au tribunal de cassation qui, à la tête de l'organisation judiciaire, renferme ou doit renfermer les plus hautes personnalités et les plus grandes lumières du corps. Reconnaître les antinomies ou les lacunes de la législation est déjà la tâche des membres du tribunal de cassation. Dans l'application de chaque jour, ils en découvrent les qualités ou les défauts. D'où l'article 67 de la loi organique qui leur prescrit d'adresser annuellement au Gouvernement un mémoire renfermant toutes les observations qu'ils auront faites ou qui leur auront été communiquées sur les vices ou les lacunes des lois.

En 1860, une loi modificative de la Constitution de 1846, article 60, conservait à la Chambre les représentants qui acceptaient des fonctions de l'ordre judiciaire et du corps surveillant de l'instruction publique, et admettait la compatibilité de ces mêmes fonctions avec celle de Sénateur.

Les hauts magistrats, ceux du tribunal de cassation surtout, appelés de nouveau à siéger au Corps législatif, pourraient venir avec leurs observations pratiques toutes fraîches, sans qu'un laps de temps eût pu les faire oublier ou une communication trans-

mise les affaiblir. On comprend sans peine la différence qu'il y a entre, d'une part : venir en personne,
passant d'un délibéré en chambre du Conseil à une
séance du Corps législatif, soumettre le cas d'une
difficulté d'application de tel article de loi qui, pour la
dixième fois, aura frappé et peut-être arrêté le magistrat, et d'autre part : prendre, étant juge, des notes
sur la difficulté pour les transmettre aux Chambres
par un intermédiaire à qui le magistrat se sera plus
ou moins heureusement efforcé d'expliquer le cas ;
ou encore pour user de ses notes lui-même, si un
jour il devient membre du Corps législatif.

On pourrait présenter plus d'un nom se trouvant
actuellement, soit au Parlement, soit au tribunal de
cassation, pour demander quel mal aurait produit
leur assistance dans les deux corps à la fois, et quel
bien, au contraire, n'en résulterait-il pas ? [1]

Et les avocats, me dira-t-on, en manque-t-il
jamais dans l'une et l'autre Chambres? N'y apportent-
ils pas les connaissances spéciales désirées ? Je
réponds : Ce sont des hommes de loi, c'est vrai ; mais
qui n'acquièrent pas par la fonction comme le magistrat, l'habitude de ce tempérament calme et réfléchi
nécessaire au prétoire aussi bien que dans les
comités. Je le déclare : comme honorabilité de profession et comme science, on peut placer le barreau
tout à côté de la magistrature. Mais c'est un autre
tour d'esprit. On sait à quel point s'exerce la mali-
gnité des critiques contre le caractère que finit par

---

(1) Il est bien entendu que, dans tous les cas et selon la
règle générale, on opterait pour l'un des deux traitements.

prendre *l'avocat plaidant.* Et tous nos praticiens sont de cette classe; il n'y en a pas qui postulent seulement. Sans s'arrêter donc à ce qu'il y a d'excessivement exagéré dans les plaisanteries de la satire et de manifestement injuste à l'égard d'une profession noble, sans contredit, — ne peut-on pas penser néanmoins qu'il convient de ne pas laisser ce seul genre de juriste dans les Chambres ?...

La mesure de la compatibilité aurait encore pratiquement pour effet de relever, aux yeux de tous, le prestige de la magistrature judiciaire. Nous savons par expérience que ce ne serait pas sans besoin. Les avantages seront du reste réciproques. Appliquons au Corps législatif ce qu'on a dit du Conseil d'Etat: « Il profiterait de l'admission d'hommes possédant des connaissances spéciales, capables d'éclairer les discussions par l'habitude pratique des affaires et de la science des lois. D'un autre côté, la magistrature ne peut que gagner à cette initiation des fonctionnaires qui la représentent, aux discussions où sont agitées les plus hautes questions d'intérêt social. » PRADIER FODÉRÉ. *Droit Administratif.*

M. Mazeau, nom sympathique et fort répandu en Haïti depuis l'arbitrage de l'affaire Alexandre en 1897, a été en même temps Sénateur et Premier Président de la Cour de Cassation de France.

CHAPITRE V.

AUTRES POINTS.

D'autres parties de la Constitution méritent qu'on s'en occupe, comme on le fait déjà dans le public. C'est ainsi qu'il y aurait, entre autres, à examiner les dispositions écrites aux articles 6, 49, 69, 120, 157, et en outre la question d'un Conseil d'Etat, celle d'un Vice-Président, etc. Jetons là-dessus un coup d'œil rapide.

Art. 6.

Droit de Propriété Immobilière.

La question du droit de propriété immobilière, refusé aux étrangers, si elle ne provoque plus des répulsions irréductibles toutes les fois qu'elle est soulevée, rend encore perplexe en présentant un problème assez embarrassant. Néanmoins, l'intéressante discussion à laquelle elle a donné lieu au sein de la Société de législation, sur une proposition de M. Bouzon et après le remarquable rapport de M. E. Lespinasse, a eu ce côté utile de montrer qu'on est d'accord, au fond, sur la convenance de faire cesser la prohibition. La divergence d'opinion n'est que sur le moment de le faire. Est-ce immédiatement ou est-il prudent d'attendre encore?

La vérité est qu'il y a déjà longtemps que l'état de la question n'est plus le même qu'au début. Elle a fait des pas notables. Au commencement, l'exclusion était absolue et irrémédiable pour qui n'était pas de sang africain ou indien. Aujourd'hui, tout étranger, sans acception de race, peut arriver à posséder en se faisant naturaliser; et la naturalisation n'est plus refusée à personne.

Dans cet état actuel du débat, ceux qui invoquent la prudence pour attendre encore quelque temps disent, entre autres : Que maintenant que les seuls intérêts étrangers engagés dans le pays sont mobiliers, les réclamations diplomatiques et demandes d'indemnité nous accablent. Que sera-ce, quand il y aura des valeurs immobilières reconnues, donnant de leur côté occasion à ces exigences de l'étranger? Les biens fonciers, plus importants de leur nature et en plus grande partie situés dans les campagnes, c'est-à-dire plus loin des yeux de l'autorité première, sont plus exposés aux dégâts, vrais ou prétendus. C'est là, paraît-il, la principale objection.

Les autres répondent que la défense étant reconnue surannée et inutile, il n'y a plus qu'à l'effacer sur le papier. Inutile, puisque les meilleures propriétés, notamment dans les villes et leurs environs, sont en fait possédées par des étrangers. Que trop longtemps les délais sont prolongés et renouvelés. Que la question de réclamations est dans nos propres mains : il dépendrait de nous, par une conduite raisonnable, sinon de les voir disparaître entièrement, au moins de les voir descendre à la proportion ordinaire des demandes d'indemnité en tout pays civilisé et pour intérêts réellement lésés. Qu'au surplus, la présence des biens étrangers à côté des nôtres pourrait être une sauvegarde, c'est-à-dire une cause de modération dans les actes, excès, irrégularités ou négligences, dont on semble nous croire incapables de nous corriger tout seuls. Qu'enfin on pourrait mettre dans la loi que l'étranger pour devenir propriétaire devrait dans l'acte d'acquisition prendre formellement l'engagement de ne jamais faire de ses intérêts incorporés dans la propriété et venant éventuellement à être lésés, une question diplomatique, le fait restant dans tous les cas et sans exception aucune, matière à vider par les tribunaux du pays [1]. Joint à cela des traités d'arbitrage obligatoire qu'on tâcherait de conclure pour toutes difficultés venant à s'élever entre le pays et l'étranger.

Quoi qu'il en soit, conclut un troisième parti, la disposition étant écrite en termes pareils dans les deux principaux monuments de notre législation : la Constitution et le Code civil (art. 450), son omission dans l'un seulement n'opérera pas son abrogation définitive. De façon que même pour ceux qui repoussent encore la radiation, il n'y aurait pas trop d'inconvénient à ne pas conserver l'article dans la Constitution. La disposition continuerait à être en vigueur en vertu dudit article 450 du Code civil, en attendant que, le temps faisant son œuvre, tout le monde tombe d'accord sur la question d'opportunité.

Du côté de ceux qui sont d'opinion qu'il n'est nullement nécessaire d'attendre encore, on recommande de méditer, après bien d'autres, la considération si bien exprimée, à l'occasion de la conférence de La Haye : « Nous apercevons entre les nations

---

[1] Argument de l'art. 185 de la Constitution.

une communauté d'intérêts matériels et moraux qui ne cesse de s'accroître. Les liens qui unissent toutes les parties de la grande famille humaine deviennent très étroits. Voulût-elle rester isolée, une nation ne le pourrait pas; elle est prise comme dans un engrenage vivant, fécond en bienfaits pour toutes. Elle fait partie d'un même organisme... »

M. Frédéric Marcelin voudrait, lui, que le discours présidentiel du 1er Janvier 1904 contînt ces paroles : « L'isolement, décrété par nos pères, a pu être une sauvegarde dans le passé. Il est aujourd'hui un péril ». *L'Haleine du Centenaire.*

P. S. — Ces lignes étaient écrites quand me parvinrent deux numéros du *Réveil du Cap*, 8 et 15 Novembre 1902, où se trouve le dossier d'une affaire *Le Bayeux*, réclamation Kendrich. *Le Bayeux* est une chaloupe haïtienne au service de la Société des « Plantations d'Haïti », société belge de nationalité, sous la direction d'un agent, citoyen français. — Cependant, c'est un américain, M. Kendrich, appuyé de son Consul au Cap-Haïtien, qui fait intervenir le Commandant du navire de guerre américain *San Francisco* pour demander qu'une indemnité soit payée à cause de la mesure prise par l'autorité militaire de ne pas laisser la chaloupe continuer ses allées et venues entre le Cap-Haïten et Port-Margot, vu l'état de guerre et les soupçons qui planaient sur l'embarcation de servir au transport de la correspondance des insurgés campés à Port-Margot. Le Consul demande, en outre, que ladite chaloupe ait la liberté, malgré tout, d'aller et venir entre le Cap et l'habitation Bayeux, endroit notoirement et également occupé par l'ennemi. La réclamation est basée sur le fait que le citoyen américain avait des intérêts engagés dans l'exploitation. Elle ne pouvait pas tenir, bien entendu. Mais des exigences de la sorte, malheureusement trop fréquentes, ont pour effet d'entretenir les appréhensions des uns et d'arrêter la bonne volonté des autres. Les étrangers, tout les premiers à demander la radiation de l'article, devraient au moins s'abstenir de donner eux-mêmes des motifs d'ajournement.

Art. 49.

Ce que représentent les Sénateurs.

« Soit par défiance des choix populaires, soit

pour créer une sorte d'émulation, on fit du Président d'Haïti un Grand Electeur qui envoyait à la Chambre des représentants, tous les deux ans, concurremment avec les Collèges électoraux d'arrondissements, une liste, etc. », écrit M. Thoby, qui propose ensuite un mode de composition qu'on peut trouver un peu compliqué pour le moment. Néanmoins, il finit par la déclaration qu'il « n'hésiterait pas tout de même, dans le but d'honorer les sciences, les lettres, de grandes vertus civiques, à conférer exceptionnellement au Pouvoir exécutif le droit de présenter quelques candidats choisis parmi les fonctionnaires civils et militaires qui ont rendu des services au pays, parmi les citoyens qui l'ont illustré par leurs travaux ou leurs vertus... Douze sénateurs ainsi nommés (1/3 du Sénat, 1/10 environ de l'Assemblée nationale) élèveront le niveau intellectuel et moral du Corps entier. » Puis, critiquant la répartition des sénateurs, il dit qu'elle était « dictée par l'esprit départemental et particulariste qui se réveillait...., laquelle, compliquée du renouvellement par tiers tous les deux ans, aboutit à la mystification des Collèges électoraux et à une véritable plaisanterie ». (Voir *Le Sénat tel qu'il est. Le Sénat tel qu'il pourrait être. 1888*).

Pour la première partie, ce n'est pas *exceptionnellement* qu'il faut conférer au Pouvoir exécutif le droit de présenter des candidats. On sait que la démocratie n'est pas d'ordinaire favorable aux hommes d'élite. Un homme du plus haut mérite peut ne pas être populaire. Il peut être modeste et timide. Il ne se présentera ou ne réussira guère aux élections. Alors, le Pouvoir exécutif, bien placé pour cela, ira le prendre au fond de son cabinet, dans la solitude de ses travaux et le portera sur sa liste. Donc, ce n'est pas du tout mauvais que le Pouvoir exécutif, dans tous les cas, ait entre les mains ce moyen d'honorer et d'encourager les hautes notabilités de tous genres, dont les lumières et l'expérience pourront rendre encore de grands services sur un siège au Sénat [1]. « Il faut donner au Pouvoir exécutif toute l'influence et même toute la popularité que la liberté comporte ». BENJAMIN CONSTANT, à propos des juges nommés plutôt qu'élus.

Mais quant au système d'instituer au Sénat comme une représentation respective des départements, en renfermant le choix des électeurs dans les étroites limites de ces circonscriptions au lieu de leur permettre d'aller par toute la République chercher et désigner le plus digne, — on trouve que M. Thoby n'a pas tort de le critiquer. On trouve préférable de se laisser déterminer par les considérations suivantes. 1° Tout sénateur représente l'intégralité de la nation. 2° La confiance des électeurs est le premier titre pour être élu. 3° Restreindre le champ des élections est ici restreindre les chances de bons choix.

Dans un Etat fédératif comme aux Etats-Unis,

---

[1] A propos de la composition du Sénat : « La majorité de l'Assemblée nationale (1875) ... voulait y réserver des places aux hommes éminents dans la science, les lettres, les administrations publiques, l'industrie ou le commerce, qui n'auraient ni le goût, ni la possibilité de briguer une élection locale, et dont les lumières et les talents seraient précieux dans la Haute Assemblée. Il fallait, pour ceux-là, un électeur qui pût les *choisir*, au sens propre du mot ». (ESMEIN).

les sénateurs représentent les Etats particuliers et
seront nécessairement nommés à tant par chacun
de ces Etats ; mais dans une République unitaire
comme Haïti, le Sénat représentera la nation dans
son ensemble. On dit bien : la Chambre des Communes et le Sénat de la République. En Amérique,
c'est le Sénat des Etats-Unis ; mais dans la législa-
lature distincte de chaque Etat, le Sénat représente,
sans doute, l'ensemble de l'Etat et non des circonscriptions plus ou moins étendues de cet Etat particulier.

Dieu sait, en Haïti, si nous avons besoin de
nourrir et fortifier dans les esprits l'idée de patrie
et de solidarité nationale ! Tout, dans nos institutions
fondamentales surtout, doit y concourir visiblement,
au lieu d'avoir l'air d'indiquer comme une tendance
à séparer ou distinguer des intérêts faits pour rester
étroitement unis, et tel que l'ont voulu nos pères.
Dans l'administration proprement dite, des libertés
municipales, très bien. Mais aussi et surtout dans le
gouvernement général de la nation, l'unité politique
la plus solide. L'union fait la force, c'est la devise
écrite dans les armes et sur le drapeau de la République. L'unité politique, en effet, fait la force et la
grandeur des nations. Pour ne citer que ces trois, la
France monarchique s'est montrée toujours fière de
son unité nationale réalisée par ses anciens rois et à
laquelle la République n'est pas moins ardemment
attachée. L'unité de l'Italie lui a redonné son lustre
et valu sa place retrouvée au rang des premières
puissances de l'Europe. L'Allemagne de nos jours a
toujours aspiré et longuement travailllé à la réali-

sation de l'unité qui lui a procuré la superbe position qu'elle occupe.

ART. 69

Vote des lois de finances.

Depuis 1843, à l'art. 81 d'alors, on a adopté la disposition qui fait voter les lois de finances premièrement par la Chambre des représentants. Auparavant, Constitution de 1816, le budget des recettes était établi par la Chambre, art. 57, et celui des dépenses décrété par le Sénat, art. 126. Et cela respectivement, semble-t-il.

En principe, les deux Chambres sont sur le même pied dans leurs attributions législatives. S'il y a une différence entre elles, ce n'en peut être qu'une d'ordre moral et expliquée comme en ces termes : « Chacune des deux Chambres peut personnifier par son esprit l'une des grandes tendances élémentaires qui, partout et toujours, font la vie même des sociétés : d'un côté l'esprit de progrès, d'autre part l'esprit de tradition et de conservation ». ESMEIN. Ou bien comme portait le rapport de Boissy d'Anglas : « Le Conseil des Cinq-cents sera la pensée et pour ainsi dire l'imagination de la République, le Conseil des Anciens en sera la raison ».

Mais, « si la Chambre haute a seulement pour rôle de modérer la Chambre basse, elle ne le remplira qu'à la condition de jouir des mêmes pouvoirs; sa résistance, si elle n'est pas loyalement invincible, sera une pure formalité. La dualité des Chambres implique leur égalité. Ces considérations sont tellement générales qu'elles s'appliquent même aux régimes où la Chambre haute n'est pas élective ; à plus forte raison régissent-elles les régimes où les deux Chambres sont électives, alors même que leurs régimes électoraux sont différents. » Moreau...

« La priorité constitue à elle seule un avantage important. C'est, a-t-on dit justement, un privilège considérable. Car qui fait le premier le budget en est vraiment le maître et la Chambre qui vient après n'a plus que très peu de modifications à y introduire [1] ».

Ce privilège est ainsi une exception à la règle de l'égalité. Et toute exception a besoin d'être motivée. C'est ce motif qu'on n'aperçoit pas en Haïti [2].

Le droit de priorité vient d'Angleterre. Nous n'avons jamais eu, nous autres, les mêmes raisons qui l'y ont fait introduire et passer dans la tradition. Nous n'avons pas pour notre Sénat la composition aristocratique et héréditaire de la Chambre des Lords. Nos sénateurs n'ont jamais été comme « les Lords, jadis exempts d'impôts, ne pouvant donc contrôler de haut les lois de finances dont le consentement appartient aux Chambres issues du vote populaire, d'après la maxime que l'impôt doit être consenti

-----

(1) On a remarqué que dans les Etats particuliers des Etats-Unis, la priorité au profit de la Chambre des représentants a été généralement supprimée, et que les deux Chambres y sont sur un pied complet d'égalité quant aux lois budgétaires. La même solution a été également adoptée dans la Constitution fédérale Suisse.

(2) « Cet article ..... un point indiscutable qui a tout l'air d'avoir dans presque tous les esprits la valeur d'un axiome constitutionnel. L'application n'en donne pas moins lieu à plus d'une difficulté, et à plus d'une discussion ». A. Thoby. *De quelques questions touchant les lois de finances.*

par celui qui le paie ». Nous n'avons pas non plus la même raison que dans les Républiques fédératives de protéger l'égalité et l'indépendance des Etats particuliers, d'empêcher les plus grands de dominer les plus petits. Or, « là où les deux Assemblées sont électives, et surtout lorsqu'elles ont l'une et l'autre à la base le suffrage universel, il n'y a plus aucune raison pour établir entre elles aucune différence fondamentale, quant au vote des finances, pas plus que pour l'exercice du pouvoir législatif ordinaire ». Esmein.

Ceux des auteurs qui ont cherché à l'expliquer, invoquant simplement la tradition en disant, par exemple, que le texte « a voulu établir non pas une différence dans les droits financiers des Chambres, mais un ordre dans la discussion des lois de finances », ceux-là avouent en général que le système n'est point sans danger. Il en est résulté, en effet, entre les deux Corps, des controverses, des difficultés et des luttes, auxquelles la sagesse tantôt de l'un tantôt de l'autre a seule permis de trouver une issue pour le moment ; lesquelles ainsi continuent de subsister et se réveillent continuellement.

En France, on est allé jusqu'à mettre en question le droit du Sénat de présenter une proposition de loi établissant une fonction nouvelle et en réglant les attributions, uniquement parce que le traitement des fonctionnaires créés y serait également compris ; *ce qui serait,* dit l'auteur auquel nous empruntons le fait, *réduire presque à rien le droit d'initiative que lui reconnaît la Constitution.* Il en a été de même du droit d'amender les lois de finances reçues de la Chambre en diminuant ou augmentant les crédits votés par elle : le Sénat ne pouvait, soutenaient les contestants, qu'adopter ou rejeter en bloc, etc... D'où alors, pour tourner la difficulté, quelquefois des expédients ou précautions qui ont été qualifiés de puérils.

« Sous l'empire de notre Constitution actuelle (1875), rapporte l'auteur français, la théorie anglaise adaptée à nos institutions, a été de nouveau proposée et défendue. La question s'est posée dès 1876. Le Sénat ayant relevé, dans un chapitre du budget de 1877, un crédit qu'avait repoussé la Chambre des députés, Gambetta soutint devant celle-ci, le 28 décembre 1876, une thèse remarquable. Il prétendit que le Sénat n'avait en aucun sens l'initiative en matière de lois de finances et qu'il ne pouvait statuer que sur les crédits déjà votés par la Chambre des députés... [1].

« Depuis 1876, il existe, on peut le dire, un conflit pacifique entre les deux Assemblées, sur la question qui vient d'être discutée. La controverse se reproduit tous les ans, plus ou moins calme ou passionnée. Le Sénat affirme et exerce son droit d'amendement ; la Chambre des députés le lui conteste, ou du moins, ne le lui reconnaît qu'à titre d'*avertissement*, le Sénat devant s'incliner, suivant elle, lorsque la Chambre a repoussé par deux fois les modifications qu'il avait votées. — En 1884, dans

---

(1) M. Jules Simon, comme le relate Thoby de son côté, soutint la thèse contraire, et la Chambre donna raison à M. Jules Simon.

le projet de révision constitutionnelle que le gouvernement soumettait aux deux Chambres, figurait
un article 8 destiné à faire passer cette nouvelle
thèse dans la Constitution... Mais le Sénat refusa de
comprendre l'article 8 de la loi du 24 Février 1875
parmi ceux sur lesquels pourrait porter la révision,
et, par suite, il ne fut pas soumis à l'Assemblée
nationale. La question de droit constitutionnel reste
donc ouverte. Les droits respectifs des deux Chambres ont même été affirmés avec une ardeur nouvelle lors de la discussion des budgets de 1894 et de
1895. Le Sénat, pour ce dernier, qui était sorti assez
imparfait des mains de la Chambre, a fait adopter
d'assez considérables modifications. Jusqu'ici, ce
conflit périodique, grâce à la sagesse des deux
Assemblées, s'est heureusement terminé par voie
de concessions mutuelles et patriotiques[1] ». ESMEIN.

Ajoutez à cela, fait connu aussi en Haïti, ce qui
est partout signalé: « La priorité accordée à la
Chambre des députés est difficile à justifier logiquement et elle a plus d'un inconvénient. La Chambre
des députés garde le budget trop longtemps sans
l'étudier; elle se laisse acculer aux derniers jours de
l'année, vote précipitamment, et le Sénat est saisi
à la dernière heure d'une loi très importante, qui

---

(1) Le malheur est que nous ne savons pas toujours, nous
autres, nous arrêter à temps par de mutuelles concessions du
moment, comme on le fait dans ces pays-là, capables, eux, de
supporter facilement même des disputes ardentes, étant fortement
constitués, réglés et bien assis. On dirait, quant à nous, que le
moindre débat est tout prêt à nous lancer l'un contre l'autre,
dans la confusion et la désagrégation. Fougue de jeunesse, sans
doute ; mais aussi raison de plus pour supprimer autant que
possible les occasions de dispute passionnée.

contient souvent de graves réformes et qui aurait besoin au moins d'un examen sérieux ». Moreau.

« ...Simple priorité en faveur de la Chambre. C'est déjà un droit très important, car il lui permet de garder devant elle, pendant de longs mois, la loi du budget, en ne laissant parfois au Sénat qu'un temps très court pour la discuter ». Esmein.

Ne dirait-on pas que c'est tout exprès pour nous qu'ont été écrites ces lignes?

Art. 120.

Indemnité des Secrétaires d'Etat.

Le traitement du secrétaire d'Etat est de 500 gourdes qui, au change moyen actuel, environ 150 0/0, font à peine un millier de francs. Il suffit d'en signaler la trop grande modicité pour un personnage si haut placé dans le gouvernement, ordonnateur pour de si fortes valeurs, portant de si lourdes responsabilités, si occupé, si exposé. On a toujours parfaitement compris, pour le directeur de la douane entre autres, qu'il fallait rémunérer convenablement le fonctionnaire pour lui permettre de rester fidèle à son devoir. Combien à plus forte raison pour le secrétaire d'Etat !

M. Etienne, membre de l'Assemblée Constituante de 1889, avait proposé 10.000 gourdes. La République de Cuba donne 30.000 francs par an aux ministres comme au Vice-Président.

Art. 157.

Décentralisation des finances.

« Les finances de la République sont décentralisées. » — Voilà une déclaration constitutionnelle qui donne à rêver. — Vient ensuite un second alinéa : « Une loi fixera incessamment la portion des revenus publics afférente aux Conseils d'arrondissements ou aux Conseils communaux. »

En 1876 aussi, le vent souflait fort à la *décentralisation financière*, comme on disait. A cette occasion, j'ai dit mon avis dans un écrit publié sous le titre : « Lettre à Monsieur MAGNY. » Il y a vingt-huit ans ; et je n'ai pas lieu de changer.

Qu'on veuille étendre le plus possible les franchises municipales, décentraliser l'administration, augmenter les ressources financières locales, cela se comprend, cela se peut, dans la mesure, disons-nous, que permettent l'état et les conditions de la République [1]. Mais s'il ne s'agissait que de cela, point n'était besoin d'employer la formule inquiétante ci-dessus transcrite. Il suffisait de soutenir les institutions municipales existantes, les guider et éclairer par le contrôle judicieux et bienveillant de l'Administration supérieure et du Corps législatif, les développer, au besoin, c'est-à-dire en temps et au degré voulus.

Ainsi, M. Léger Cauvin avait précédemment proposé la faculté de faire « sur le budget de l'Etat

---

(1) « La décentralisation (administrative, bien entendu) n'est pas un problème qui puisse recevoir une solution *à priori;* c'est une question d'expérience, d'administration et d'application ..... la décentralisation n'est pas une question soluble *à priori,* et partout où elle a triomphé elle s'est empreinte des circonstances de temps et de lieu. La difficulté commence au moment où l'on veut appliquer la règle abstraite à un peuple ou à une époque déterminée ».

un prélèvement au profit des communes. » C'est aux mêmes fins qu'on était arrivé en 1876 à reprendre un projet déposé depuis deux ou trois années déjà et à en faire la loi sur les Conseils d'arrondissement [1].

Et quoi donc? Voyons un peu ce qu'entendaient et voulaient les promoteurs de la disposition. C'est dans la discussion à l'Assemblée Constituante de 1889 qu'il faudrait chercher à le pénétrer. Le procès-verbal publié dans le Moniteur du 17 Janvier 1891 la fait commencer ainsi : « M. DESROCHES : Je propose à l'Assemblée d'ajouter cet alinéa à l'article en discussion.... » Et elle continue :

« M. FIRMIN : Je demanderai au collègue DESROCHES de développer son idée afin que l'article puisse prendre un caractère, car sa proposition est trop vague. Ces lois seraient-elles réglées selon l'importance des arrondissements ou selon l'importance des communes? »

« M . DESROCHES : selon l'importance des communes. »

« M. FIRMIN :.... la loi doit être claire; du moment qu'elle prête à l'ambiguïté, elle doit être rejetée... Qui est-ce qui fixera l'importance des communes? Est-ce la loi, est-ce la Constitution, ou bien est-ce le Conseil d'arrondissement? Je crois qu'étant donné que nous avons reconnu le principe de la décentralisation des finances, il est bon de nous y arrêter. Une Constitution ne doit avoir en vue que les prin-

---

(1) Détacher du budget de l'État une partie des dépenses de l'Instruction publique, par exemple, pour les attribuer aux Conseils locaux n'est pas nécessairement *décentraliser les finances.*

cipes, et dès à présent nous ne devons pas nous efforcer de fixer les modes d'application. »

« M. Guibert : ... je serais prêt à voter avec le collègue Firmin, si nous avions pour devoir irréfutable de consacrer le principe de la décentralisation des finances. Mais....

« M. Desroches : ... nous avons admis dans la Commission que les finances seront décentralisées, mais nous ne disons pas dans quel sens nous entendons faire cette décentralisation ; avec une proposition, nous ordonnons qu'une loi soit faite incessamment et nous faisons connaître le principe de cette loi.

« M. D. L. Rameau : ... L'Assemblée a admis la décentralisation des finances; au profit de qui doit-elle se faire? Au profit des communes ou à celui des arrondissements? Si vous dites qu'une loi viendra fixer le mode des répartitions, vous retombez dans les ambiguïtés de la loi de 1876, parce que les Conseils d'arrondissement sont l'objet immédiat de la décentralisation. Si vous dites que la répartition se fera d'après l'importance des communes, vous donnerez un certain regret à ceux qui ont voté la décentralisation des finances, certains arrondissements auront une portion excessivement minime des deniers publics... »

« M. Firmin : ... le Conseil d'arrondissement peut être pris pour base de la répartition. Mais nous ne devons pas, dans une Constitution, lier les législateurs à venir; je n'entends pas qu'on favorise certains arrondissements au détriment de certains autres, mais je veux laisser assez de latitude aux législateurs à venir; il ne faut pas que nous fassions et la loi et la Constitution en même temps. »

« M. Desroches se rallie à la proposition Firmin qui, mise aux voix, est votée; — l'ensemble de l'article tel qu'il est amendé est mis en discussion. »

Alors M. Léger Cauvin s'est levé et a parlé avec franchise, lucidité et indépendance. Son discours est remarquable à tous égards. Il a dit — et bien dit — ce qu'il fallait pour qu'on ne votât pas le premier alinéa. Mais le siège de la majorité était fait. Et cette fois, où il avait tant raison, son éloquence se perdit devant l'idée fixe et arrêtée d'une majorité déjà entraînée. Démonstration renouvelée des inconvénients de la discussion ouverte dans la chaleur d'une révolution à peine terminée. Il est bien préférable que des délibérations aussi importantes que celles qu'autorisent les articles 194 et suivants de la Constitution aient lieu dans le calme de la paix, précédées de travaux préparatoires réfléchis, poursuivies sans autre préoccupation que la recherche de la vérité et l'intérêt du bien public. La fougue révolutionnaire excelle à emporter ce qui mérite d'être démoli, mais pour édifier, c'est autre chose [1].

---

[1] Dans une section et sous le titre *Des Conditions de réussite pour les Réformes financières*, Joseph Garnier écrit: « Ces réformes, pour être faites dans toutes les conditions de succès, doivent être entreprises *pendant les périodes de tranquillité;* ..... en France, par exemple, on s'y est malheureusement pris d'une manière opposée..... Une fois cette révolution (1848) arrivée, avec la crise politique et sociale par-dessus la disette et la crise financière et industrielle de 1846, lorsque le travail cessait de toutes parts, lorsque l'activité et la consommation se restreignaient, on a tenté d'obtenir l'impossible, c'est-à-dire l'équilibre du budget avec l'accroissement des dépenses arrivant simultanément avec les

M. Léger Cauvin dit : — « Je désire qu'on m'explique d'une manière précise ce qu'on entend par cette formule générale. Il paraît que ceux qui la soutiennent en sentent eux-mêmes le vague, l'inconsistance, puisqu'ils en sont venus à y joindre ce commentaire : une loi fixera incessamment, etc... Avec ou sans ce correctif, je soutiens que la formule n'est pas seulement inutile, elle est dangereuse... illogique. Inutile, par ce qu'on a déjà les Conseils d'arrondissement. Les Conseils d'arrondissement existent dans la Constitution de 1867 comme dans celle de 1843. Cependant ni à l'une ni à l'autre époque, on n'a cru qu'il fallût une règle nouvelle de la Constitution pour fournir à leurs dépenses sur le budget général de l'État. J'ai cherché à pénétrer votre pensée, je n'y suis pas parvenu... Où voulez-vous aller ? A moins que l'expression ne trompe votre pensée... — Finances de l'État.., de leur nature centralisées aux bureaux des ministères. Finances communales...., perçues et dépensées dans les communes et par elles. Voilà la décentralisation. Si une décentralisation peut être créée, évidemment c'est pour les dernières seulement. Vous aspirez alors à quelque chose d'absolument nouveau. Conséquence, l'anarchie dans vos finances... Les finances de l'État ne se décentralisent pas...

---

causes qui produisaient la diminution des recettes; on a en vain cherché à neutraliser celles-ci par des impôts nouveaux, ou par des réformes auxquelles il n'est donné d'être fécondes pour le Trésor qu'après une certaine période de temps calmes et prospères...... Voilà à quelle impasse on aboutira toujours toutes les fois qu'on négligera de préparer les réformes en temps utile... ». *Traité de finances.*

Venez, décentralisez ces finances, si vous pouvez. Vous ne parviendrez qu'à le dire, jamais à le faire. »

M. Desroches répond :... « Notre collègue Cauvin est venu avec l'intention arrêtée d'empêcher que nos finances soient décentralisées. Mais pour nous, depuis que nous voyons les ressources de la République être concentrées sur un seul point et être dévorées par quelques-uns... Quand nous voyons cela, nous devons dire que nous n'en voulons plus. C'est pourquoi, cette fois-ci, il faut que nous inscrivions ce principe en lettres ineffaçables dans notre Constitution et que nous disions que la partie du budget affectée à nos communes sera fixée par les législateurs qui nous remplaceront. »

M. Firmin. « La question de décentralisation des finances est tellement grave que l'on ne saurait trop s'y appesantir. Tout à l'heure, notre collègue Cauvin, en prenant la parole, a affirmé que les finances ne peuvent pas être décentralisées. Je voudrais savoir quelle est l'autorité financière qui dit que les finances ne peuvent être décentralisées. Est-ce le marquis d'Audiffret, est-ce Joseph Garnier, Gaudillot, Paul Leroy-Beaulieu, le professeur Wagner ou le baron Louis, Gladstone, Léon Say? Non! je n'en connais aucune. Quand notre collègue parle ainsi, il y a une erreur, une confusion dans son esprit : il a pu voir que les finances de l'État ne doivent pas être décentralisées : il confond le mot « État » et le mot « République ». Nous avions auparavant l'État et la commune, il y aura désormais l'État, l'arrondissement et la commune. A ce point de vue, tous les écrivains de la science financière admettent qu'il doit y avoir décentralisation... Nous demandons la justice distributive, c'est-à-dire que tous les points qui travaillent et produisent jouissent des mêmes avantages. Il ne s'agit pas de savoir si nos finances sont gaspillées sur un seul point de la République... Quand les finances du pays arrivent à Port-au-Prince, on oublie tellement de les éparpiller qu'on ne les éparpille pas même à Port-au-Prince. La loi, en faisant cesser cet état de choses, va faire du bien à Port-au-Prince comme au reste de la République ».

« Mise aux voix, la proposition Cauvin est rejetée et l'article demeure voté. »

C'est tout. — Cinq personnes avaient pris part au débat, plus M. Méléus Pierre qui a interrompu pour protester et a été rappelé à l'ordre. « J'ai interrompu, a-t-il répliqué, et cela m'a valu un rappel à l'ordre que je ne méritais pas. Je ne puis être de Port-au-Prince pour entendre dire que nos finances sont mangées sur un seul point du pays ; elles sont mangées par tout le monde sur tous les points du territoire. »

Il n'en résulte donc pas que les promoteurs de l'article aient présenté un exposé des motifs bien clair et précis. On pourrait bien se demander encore quelle est l'idée commune qui les animait.

M. Guibert ne pense pas qu'on ait pour devoir inévitable de consacrer le principe de la décentralisation... M. Cauvin demande ce que c'est que la décentralisation dans l'esprit même de ceux qui la proposent comme un principe nouveau à introduire dans nos institutions ; et on ne lui répond pas.

M. Desroches, sans s'arrêter à expliquer ce que

c'est que ce nouveau principe, énonce plutôt ce pour quoi il le soutenait ; parce qu'on voit les ressources de la République concentrées sur un seul point et dévorées par quelques-uns. Tandis que M. Firmin, partisan comme M. Desroches de la décentralisation, dit, lui, qu'il ne s'agit pas de savoir si nos finances sont gaspillées sur un seul point de la République. Ce qu'il demande c'est la justice distributive, c'est-à-dire que tous les points qui travaillent et qui produisent, jouissent des mêmes avantages. Enfin, à l'affirmation que les finances de l'Etat ne se décentralisent pas, M. Firmin a répondu par une distinction entre l'Etat et la République : « Quand notre collègue parle ainsi, a-t-il fini par dire, il y a une erreur, une confusion dans son esprit: il a pu voir que les finances de l'Etat ne doivent pas être décentralisées ; il confond le mot *Etat* et le mot *République*, etc. »

D'abord, voici les paroles de M. Cauvin rapportées par le procès-verbal: « Non, les finances de l'*Etat* ne se décentralisent point. » La distinction, en tout cas, ne fait guère avancer la thèse. Au contraire. Les droits de douane, sont à coup sûr, des finances de l'Etat. Et c'est bien les droits de douane que vise la décentralisation en question, pour en tirer *la portion des revenus publics afférente aux Conseils d'arrondissements ou aux Conseils Communaux*, porte le second alinéa de l'article.

Je ne sais pas s'il y a eu de la confusion dans l'esprit de M. Cauvin, comme il y en a eu assurément dans les causes ou motifs plus ou moins présentés pour faire voter l'article. Mais de tout cela l'impression qui reste est que c'est plutôt lui qui était dans le vrai, particulièrement quand il supposait que de la part de ses adversaires l'expression trompait la pensée, lorsqu'il affirmait que la formule employée ne correspondait pas, en somme, à ce qui pouvait être légitimement demandé. M. Cauvin évidemment, n'a pas voulu continuer la discussion : les moyens ne lui manquaient pas. Il avait parlé, semble-t-il, par acquit de conscience. Il estima en avoir assez dit....

Cependant M. Firmin donnant la réplique : *La question de la décentralisation des finances*, fit-il, *est tellement grave que l'on ne saurait trop s'y appesantir.* En effet, nous trouvons que là il n'a pas tort ; nous prenons donc la liberté de poursuivre la digression que, pour cette raison, on voudra bien excuser.

M. Firmin déclare qu'à sa connaissance, aucune des autorités financières qu'il cite à ce propos, n'est dans le sens que soutient M. Cauvin. Et après la distinction mentionnée de l'Etat et de la République, il avance : *Nous avions l'Etat et la Commune ; il y aura désormais l'Etat, l'Arrondissement et la Commune. A ce point de vue tous les écrivains de la science financière admettent qu'il doit y avoir décentralisation.*

Sans prétention aucune, c'est-à-dire sans penser être bien fort là-dessus, presque tout le monde ayant un peu de lecture peut avoir fait la remarque qu'en général, les questions de décentralisation se rattachent de préférence aux matières administratives proprement dites. Les écrivains de la science financière, non plus que ceux du droit constitutionnel,

n'en parlent guère ou en parlent accessoiremement ;
ou pour mieux dire : en y touchant à propos de
comptabilité, de préparation et d'exécution du
budget, de bonne organisation des finances, de
spécialisation des recettes et dépenses, ils sont
plutôt pour la concentration, pour la *centralisation*.
— Ils affirment que c'est la centralisation des
finances qui donne le moyen de les surveiller et
de les contrôler, par conséquent d'en empêcher le
gaspillage. Ce qui l'atteste, c'est en première ligne
le *Traité de la science des finances* de Paul Leroy-
Beaulieu. T. II, p. 30 : ... « Centraliser ou spécialiser... Cette question a été soulevée pour les budgets locaux beaucoup plus que pour les budgets
nationaux. Le principe de la concentration et du
fonds commun doit prévaloir. Le système de la
stricte spécialité serait d'une complication excessive
et, en définitive, pousserait plutôt à l'exagération
qu'à la modération des dépenses. Voici comment
s'exprimait sur ce point un de nos meilleurs financiers, le baron Louis : *Les inconvénients graves
propres à cette forme de comptabilité auraient dû
empêcher de l'adopter dans aucun système, puisque
dans tous elle est inutile ou elle est dangereuse* »...
(Renvoi à Desmousseaux de Givré. *Études sur le
budget*).

Toujours Beaulieu, II, P. 131 : — « Sauf ces cas
encore trop fréquents de comptabilité occulte et de
mandat fictif, particulièrement dans la gestion dépar-
tementale et la gestion communale, les détourne-
ments, les violations du budget sont très malaisés.
Ils sont devenus d'autant plus difficiles que l'admi-

nistration financière a été plus *centralisée*. Cette *centralisation* est aujourd'hui un fait accompli en France et qui ne peut guère être porté plus loin. C'est d'ailleurs un fait bienfaisant. Aujourd'hui, toutes les recettes sont du ministère des finances, même celles du matériel réformé des différentes administrations..... La *centralisation* et la coordination de tous les services financiers sont les seuls moyens qui peuvent amener de l'ordre et de la clarté dans les finances, etc. »

P. 132, en note : « Depuis les premières éditions de cet ouvrage, on s'est aperçu en France que la centralisation des finances publiques et leur contrôle au point de vue non pas des recettes, mais des dépenses laissaient fort à désirer... Dans la discussion du budget de 1883, M. Léon Say, au Sénat, et M. Ribot, à la Chambre des députés, ont aussi mis en évidence la nécessité d'établir ce contrôle d'une manière plus efficace ». — P. 134 et 135 : « Si nous avons insisté sur ce travail de concentration de tous les services financiers en France, travail qui s'est encore continué sous la Restauration, c'est que nous voyons dans la *centralisation financière* la principale garantie d'ordre et de régularité. Chose curieuse d'ailleurs, cette centralisation, en amenant la simplicité des rouages, produit une considérable économie ». — Et l'on voit le nom de M. le marquis d'Audiffret particulièrement attaché au travail de concentration des services financiers, et cité comme « un des hommes qui, dans la première moitié du XIXe siècle, firent faire le plus de progrès à la partie technique des finances ».

Si Joseph Garnier, au chapitre de la *Diminution des Dépenses*, parle de système de Réglementation et de Centralisation à faire disparaître, c'est visiblement de la centralisation administrative proprement dite qu'il s'agit, (celle que visent en France les décrets des 25 Mars 1852, 9 Janvier 1861, 13 Avril 1861, les lois de 1866, 1867, 1871, 1884, sur la décentralisation *administrative*) , répondant aux publications de l'époque et alors que les idées de décentralisation étaient le plus à l'ordre du jour, comme par exemple la brochure : *Un projet de Décentralisation*, 1865, signée par un groupe et suivie d'appréciations diverses. L'auteur du *Traité de Finances* a soin de l'expliquer tout de suite en ces mots : *c'est-à-dire d'Intervention de l'Etat*, etc. Voici le passage : « On peut arriver à la *Diminution des dépenses* en ramenant les fonctions de l'Etat dans leurs limites naturelles ; en faisant disparaître le système de Réglementation et de Centralisation, c'est-à-dire d'intervention de l'Etat dans le domaine de l'industrie et dans les affaires des provinces et des Communes, etc. » Partout il n'y est question que de simplification des rouages. P. 291 : « L'administration des finances doit être organisée de façon à en rendre les opérations plus simples et plus économiques et aussi à rendre la publicité et le contrôle plus faciles. » Sur les améliorations introduites en France depuis 1814 dans la comptabilité publique, il renvoie au rapport de M. de Chabrol adressé au Roi en 1830 et rédigé par M. le Marquis d'Audiffret, « un de ceux qui ont le plus contribué à ces perfectionnements », voir P. 428. Et ainsi perfectionnée, l'administration est décrite par l'auteur, P. 425 : « L'administration des finances, en France, est organisée de façon à *concentrer* la gestion de la fortune publique sous la direction du ministre des finances et la surveillance successive de plusieurs agents faisant le service de la *trésorerie.*» P. 426 : « Il y a, à Paris, un *Caissier payeur central du Trésor public.* En Belgique aussi, la centralisation des recettes s'opère par le *caissier de l'État et ses agents dans les provinces.* Ce caissier et ces agents sont aujourd'hui, comme en Angleterre, la Banque nationale et ses correspondants. Elle fait ce service moyennant 200.000 francs annuellement.

Le Chapitre trente-deuxième du *Droit public et administratif* de A. Batbie est consacré à la *décentralisation et centralisation.* Il distingue bien trois sortes de centralisations, mais la troisième, venant après la *centralisation politique* et la *centralisation administrative,* est la *centralisation économique et morale,* c'est-à-dire comme l'auteur le fait immédiatement suivre de cette explication : « La vie étant tout entière au centre, les personnes riches s'y transportent attirées par les plaisirs; les hommes intelligents y viennent chercher un théâtre digne de leur ambition, et les ouvriers des salaires élevés ». Ce qui n'est pas ce dont il est question ici. Au mot de *centralisation* dans la TABLE-RÉPERTOIRE (*Id.*) : « Les ressources départementales se réduisent aux centimes additionnels.... Nous ne croyons pas que, chez nous, la décentralisation et l'autonomie des établissements publics puissent être poussées beaucoup plus loin qu'elles ne l'ont été par les dernières lois ». — Dans ces pays-là donc n'existe pas ce que notre art. 157 semble vouloir.

« Fonds spéciaux », dit-on dans la législation française, c'est-à-dire « les sommes perçues par l'Etat pour le compte des départements et des communes et restituées par lui aux budgets locaux.» Donc centralisées avant d'être distribuées. Et distribution n'est pas décentralisation. On peut lire dans Dalloz, *Répertoire de Législation*, le nº 762 de l'article *Trésor public*, résumant avec approbation les points principaux de l'organisation financière : « L'administration financière exerce principalement son action par la mise à exécution du budget. En conséquence, sa première opération est la perception des divers impôts exécutés par les grandes régies dont elle a la direction... La seconde grande opération de cette administration est la centralisation qu'elle exécute, soit effectivement soit fictivement, et par voie de comptabilité, des recettes de toute nature, dans la caisse du payeur central du trésor, pour les répandre ensuite dans les divers canaux des dépenses. »

Répandre n'est pas décentraliser. Répartir non plus. Et d'ailleurs, quand on parle de répartition, c'est, en général, pour les impôts de ce nom et leur perception. La loi de finances, en France, fixe le contingent de chaque département dans certaines contributions directes. La répartition du contingent départemental est faite ensuite entre les arrondissements par les conseils généraux, entre les communes par les conseils d'arrondissement, dans les communes entre les contribuables par des commissions spéciales de répartition. — Les impôts de quotité sont perçus immédiatement par l'État.

Si nous avions, nous autres, des impôts de répartition, un rôle pourrait être donné à nos institutions municipales pour la répartition du contingent voté par le Corps législatif. Mais nous n'avons que des impôts de quotité. Et puis tout cela concerne les recettes, tandis que notre article constitutionnel vise plutôt les dépenses.

Au demeurant, les économistes parlant des « *conditions pour obtenir de bonnes finances* » ne disent pas qu'il faut *décentraliser nos finances*, mais recommandent une bonne assiette des impôts. une bonne perception, la simplification des rouages administratifs, un bon emploi des ressources publiques, des réformes tendant à la diminution des dépenses et à l'augmentation des recettes, c'est-à-dire la disparition du déficit et le soulagement des populations ; surtout une bonne politique, le contrôle et la publicité, véritable secret des bonnes finances.

De toute cette énumération, ce qui plus spécialement se rapporterait à notre sujet, — qui, avons-nous vu, vise plutôt les dépenses, — c'est le « bon emploi des ressources publiques ». Mais comment faut-il l'entendre ? — En multipliant les lieux d'ordonnancement et le nombre des ordonnateurs, plus ou moins indépendants ? — Il en résulterait seulement (en en supposant possible la réalisation) une extrême confusion ajoutée au gaspillage devenu général et complet. Non, on ne réglemente pas le gaspillage, on le supprime. La formule votée par les Constituants de 1889 est mauvaise. Le moins qu'on puisse dire, c'est que la question a été mal posée. — Et voilà comment celui qui avait déjà montré que la formule était inutile et dangereuse, a trouvé enfin que c'était, sans doute, l'expression qui trompait la pensée.

Du reste, il n'y a pas comme la pratique pour éprouver les théories. M. Cauvin avait clos son discours par ce défi : *Venez, décentralisez ces finances, si vous pouvez. Vous parviendrez à le dire, jamais à le faire.* Il y a environ quatorze ans que ces paroles ont été prononcées ; et les promoteurs de la disposition, depuis lors restés et retournés au pouvoir soit dans le gouvernement, soit dans les Chambres, n'ont rien décentralisé. Ils ont fait la salutaire épreuve des réalités et des exigences de la vie publique. Ce que l'un des champions de l'innovation, redevenu ministre des finances très écouté et tout-puissant, s'est efforcé de faire, a été non pas de décentraliser les finances, mais de ramener, autant qu'il le pouvait, un peu d'ordre et de régularité dans l'administration des finances.

Pourquoi alors conserver une promesse qu'on n'est pas capable de tenir? Pourquoi avoir éveillé, pourquoi surtout continuer à entretenir des espérances qui forcément n'auront toujours pour aboutissant que des déceptions sans fin? Etait-ce seulement par ménagement pour un courant d'opinion qu'à ce moment on jugeait irrésistible? Ce n'était pas rendre service à ceux-là qui subissaient l'entraînement. Le devoir était de les avertir qu'ils se trompaient de cause ou d'objet. Ce n'est pas faire l'éducation de l'esprit public que de l'entretenir dans l'espoir et l'attente de ce qu'on sait être une chimère dangereuse.

Non. Les gaspillages dont les auteurs de l'article

peuvent se plaindre avec raison, mais aussi qu'ils peuvent, hélas! retrouver plus ou moins sur tous les points de la République et dans les fonds généraux aussi bien que dans les fonds municipaux, ces gaspillages n'ont pas leur remède dans l'adoption d'une déclaration de la « décentralisation des finances ». Chacun comprend le désir de redressement qui travaille les esprits bien intentionnés. Mais à quoi peut amener un vain texte de sept mots? C'est encore « le malade qui se retourne sur son lit de douleur, dans l'espoir qu'un changement de position le soulagera. Mais le mal reste en lui et c'est d'autres remèdes qui seuls seront efficaces ». — Affaire de bonne administration, de gestion régulière et de probité sévère chez les régisseurs des fonds publics: Oui. Mais question de démembrement, de séparation ou d' « éparpillement »? Non. Il ne suffira pas de partager les finances pour qu'elles soient par cela seul respectées et mieux employées. On n'arriverait, au contraire, qu'a élargir le gaspillage, le multiplier et le généraliser. A coup sûr, ce n'est point ce que l'on a voulu établir en principe. « Les impôts et les finances sont les nerfs de l'État ». Écho de l'antiquité répété encore d'un bout à l'autre du monde des temps actuels. — « Eparpiller les finances » du pays serait donc éparpiller les forces de la République. Et ses forces vitales, notez. Assurément, ce n'est pas non plus ce qu'on a voulu recommander.

Dans toute l'ardeur de nos luttes, et même au plus fort de nos mouvements de colère et de dépit, personne, de propos délibéré, n'a voulu ou pensé rien faire qui pût se prêter à un relâchement des liens de l'unité nationale, notre arche sainte. Pourquoi alors, écrire une chose qui, impuissante en elle-même à rien améliorer, nous expose à nous faire attribuer des dispositions qu'en réalité nous n'avons pas ; et qui, ainsi, tendrait à inquiéter les autres sur nos intentions; à altérer, en conséquence, la confiance que tous doivent avoir en tous? A cette époque, où l'esprit patriotique s'exalte chez tous les peuples et doit singulièrement chez nous se renforcer du sentiment de l'existence nationale menacée ; en ce temps du centenaire de notre glorieuse indépendance, dont toutes les voix, à si juste titre, réclament la solennelle célébration, ce qu'il faut garder dans l'âme haïtienne et laisser éclater dans ses manifestations, ce qui doit être et paraître, c'est la préoccupation et le soin pieux de consolider et fortifier de toutes façons l'œuvre de nos aïeux. C'est là essentiellement notre part de tâche. Et pour l'accomplir, il ne faut pas que nous ayons même l'air d'obéir à aucune tendance de relâchement et d'affaiblissement du faisceau de l'unité nationale, puisque c'est ce faisceau d'union et de solidarité qui a fait la puissance des hommes de 1804 et les a rendus capables de nous léguer une Patrie par la mise en commun de toute leur énergie individuelle et de toutes les forces et de toutes les ressources du pays!

CONSEIL D'ÉTAT

On fera bien de répondre au vœu de ceux qui demandent d'établir un Conseil d'État. Le besoin s'en fait continuellement sentir. L'administration a recours chaque jour à des commissions formées pour des opérations qui seraient plus profitablement accomplies par un tel corps. La préparation et la coordination des projets de loi, l'examen des communications faites au gouvernement, l'étude des propositions, les consultations et avis en toutes matières, le contentieux administratif enfin, réclament les soins d'hommes spéciaux, s'en occupant par profession et avec la maturité que donne une constante pratique.

Le ministre, quelle que soit sa puissance de travail, pris tout entier comme il l'est par la politique, n'a pas le loisir d'étudier à fond et autant qu'elles le méritent les affaires qui passent par ses bureaux. Il ne peut pas, à lui seul et à la fois, résoudre et expédier les différentes sortes de questions qui lui sont soumises et parmi lesquelles se rencontrent fréquemment de fort délicates et difficiles. Quant à son personnel, il ne lui est pas, en vérité, d'un grand secours dans l'état présent, étant rarement à la hauteur de la tâche ou pour le moins absorbé par le service courant ordinaire. Et lorsqu'il a *des amis qu'il consulte* privément, c'est encore de fâcheuse conséquence. Les notes fournies dans ce cas étant le plus souvent insuffisantes, il en résulte d'ordinaire que l'avis de l'ami — *compétent* autant qu'on voudra — risquera de rester incomplet, quand il ne lui arrivera pas même de porter à faux.

Notre société de législation donne l'idée d'une partie de ce qui pourrait être fait par le Conseil d'Etat.

VICE - PRÉSIDENCE

Il a été aussi question d'instituer un vice-Président, au double point de vue de la transmission pacifique du pouvoir et d'une certaine alliance de la force et de la science, disait-on pendant les derniers évènements. Il ne semble pas qu'on en ait grand chose à redouter. Si, à cause de la diversité de mœurs, on veut bien trouver que les États-Unis ne doivent pas être non plus ici cités en exemple, nous avons, au moins, nos voisins les Dominicains qui pratiquent l'institution depuis long-temps et chez lesquels on ne voit pas qu'elle ait produit les inconvénients dont on voudrait s'effrayer en Haïti. Nous avons pu marcher avec les commandants de département, à plus forte raison le ferons-nous avec un vice-Président, qui lui, n'aurait pas l'exercice actuel du pouvoir, ni la disposition de forces militaires.

CE QUE DOIT CONTENIR LA CONSTITUTION.

Je noterai ici seulement pour mémoire l'intéressante question de savoir ce que doit contenir une Constitution, de même que la disposition écrite à l'art. 62 de la Constitution de 1874.

D'éminents jurisconsultes ont signalé les inconvénients et les dangers de confondre les autres parties de la législation avec le droit constitutionnel et de vouloir tout écrire, tout régler dans une Constitution. Le droit constitutionnel a été défini : « l'ensemble des principes constitutifs d'une société politique ». « Principes *constitutifs*, expliquent les auteurs, c'est-à-dire ceux qui déterminent les limites et les attributions respectives des pouvoirs, les droits politiques et les droits individuels garantis aux citoyens. En dehors de ces principes, tout le reste, c'est-à-dire leur application, ne fait pas partie de la Constitution ». Benjamin Constant avait inséré dans son projet de Constitution cet article où il indique les limites du droit constitutionnel : *Tout ce qui ne tient pas aux limites et aux droits individuels, ne fait pas partie de la Constitution.* C'est dans le sens de ces idées qu'ont été écrites en France les lois constitutionnelles de 1875 et en Haïti la Constitution de 1888, sous l'inspiration, paraît-il, de M. Solon Ménos.

Art. 62 de la Constitution de 1874.

Quant à l'art. 62 de la Constitution de 1874, il dispose que « le Président de la République sortant (faudrait-il ajouter ? *normalement c. a. d.*) soit par démission soit à l'expiration de son mandat, est de droit membre du Sénat, pendant la durée fixée par l'article précédent » (six ans). Nous avons vu qu'on conseille de donner au Chef de l'Etat tous les avantages, toutes les satisfactions qui compatissent avec l'exercice de la liberté politique et les soins de la for-fortune publique. Il est, en outre, prudent de lui épargner l'inquiétude du lendemain sur sa situation personnelle. Le tout, afin de l'intéresser d'autant à la bonne administration du pays par une fidèle obser-vance et exécution de la Constitution et des lois.

CONCLUSION.

Si j'ai réussi à faire saisir mon dessein, et par conséquent le véritable caractère de cette étude, on aura déjà remarqué que les dispositions que je combats ne me sont pas suspectes, à cause même de leur caractère libéral, mais parce que, n'incarnant pas ce qui est dans le tour d'esprit de nos populations, pour le moment elles demandent trop pour être obéies et mises en pratique. Qui demande trop n'obtient guère. Il ne s'agit donc pas de faire rétrograder la Constitution, mais au contraire d'en assurer le fonctionnement et le développement progressif possible par la consolidation et la mise en pratique sérieuse de ce qu'elle a d'essentiel comme institution libre.

D'autre part, je crois avoir fait, au cours de cet écrit, assez de citations de nos propres compatriotes pour qu'il reste bien constaté que l'on est unanime à reconnaître que, sur bien des points, les institutions ne sont pas en accord complet avec ce que l'on sait des lumières, des goûts, des mœurs du pays dans sa grande majorité. D'où, la plupart du temps, ai-je conclu, nos oscillations et nos embarras, nos tiraillements et nos malheurs ; et par conséquent la nécessité des modifications conseillées. — S'il fallait encore d'autres témoignages, ils se trouveraient dans les extraits suivants, tirés d'un article et d'un livre qu'il m'arrive d'avoir en ce moment sous les yeux. La diversité des deux provenances démontrera encore un coup l'unanimité des esprits.

Dans le rapport de M. Hérard Roy, dont nous avons déjà reproduit un passage, l'économiste haïtien, après s'être demandé « si le mal est dans les lois ou dans l'inapplication des lois, et si ce ne sont pas plutôt les mœurs qu'il convient de modifier », en vient à dire : « Cependant, il n'est pas « besoin de loupe, point n'est besoin d'aller au « fond des choses pour s'apercevoir qu'il n'y a « aucune logique entre notre législation et notre « manière d'être, notre civilisation étant plus apparente que réelle. » Et il dit plus loin avec beaucoup de raison : « C'est que ce n'est pas l'existence de la « loi qui crée la civilisation. La loi positive, en effet, « ne préexiste pas à la société . . . . « . . . . . . la loi doit être l'image de l'état d'avan- « cement des esprits ; elle n'exerce une influence « salutaire que si elle est la résultante de la vie « sociale, au lieu d'être l'effet d'une ingénieuse com- « pilation ».

De son côté, M. Louis Marcelin, ancien secrétaire de notre Légation à Paris, pour conclure à l'instruc- tion des masses, écrit dans un ouvrage en partie déjà paru : « *Suffrage universel...* L'histoire a prouvé qu'il n'y a ni entente, ni règlement pacifique possible des intérêts collectifs sous une forme de gouvernement qui développe l'importance politique des citoyens en raison inverse de leurs lumières ; et de tous les droits politiques, il n'en est pas un auquel cette remarque s'applique plus justement qu'au droit électoral. Effectivement, dans tous les pays soumis au suffrage universel, l'application de cette institution part de cette hypothèse que l'électeur possède une intelligence suffisamment développée pour connaître, avec son intérêt social, les hommes et les choses. Tous ceux de nos concitoyens qui exercent le droit de suffrage ont-ils cette intelligence ? Non. Au contraire, le plus grand nombre n'a pas conscience de ce qu'il fait dans l'exercice de ce droit. Aussi, le suffrage universel, actuellement la base de notre Droit public comme le *palladium* de notre ordre social, n'est en réalité, dans les conditions présentes, qu'un principe relativement illogique. Appliqué au choix des hommes, au mouvement des groupes politiques, il n'est qu'une puissance aveugle, plus souvent mal que bien inspirée, ainsi que nous le voyons incessamment par les produits presque toujours opposés qu'il donne . . . . Pour la sauvegarde du suffrage universel, nos masses populaires doivent donc être pourvues de l'instruction, cette source vive, féconde, etc., etc. »

D'accord, naturellement. Mais raison aussi pour laquelle — (et en attendant que les masses aient acquis cette éducation et les mœurs nécessaires), — le suffrage direct sera fort à propos remplacé par le suffrage à deux degrés ; de même que les autres points seront utilement et opportunément réformés dans le sens que j'ai essayé d'indiquer et comme la Constitution elle-même l'autorise par ses art. 194 et suivants. — Ce sera replacer la pyramide sur sa base. Et ce sera bien commencer la série d'actes régénérateurs que nous inspire, que nous impose l'œuvre du Centenaire.

TABLE DES MATIÈRES.

Imp. Anselm 7, Rue de Laborde (Gare Saint-Lazare), Paris.